図解でわかる　田園回帰１％戦略

Local Population Vision

「地域人口ビジョン」をつくる

編著＝藤山 浩
共同分析＝森山慶久
現地ルポ＝甲斐かおり

農文協

はじめに
「地域人口ビジョン」を創り直そう！

2014年、日本創成会議から、過半の市町村に「消滅可能性」があるとの予測が発表され、大きな反響を呼びました。翌2015年には地方創生が始動し、全国の自治体が「地域人口ビジョン」を策定して、3年が経とうとしています。

2017年に創立した「持続可能な地域社会総合研究所」（略称「持続地域総研」）では、すでに全国各地の20近い市町村と手を携えて、あらためて「地域人口ビジョン」をつくり直しています。なぜ2015年時の「地域人口ビジョン」では不十分なのでしょうか。その理由は、次の五つです。

第一に、多くの自治体において、「地域人口ビジョン」策定の手法はあまりに拙速でした。国から年度内での完成を迫られ、焦ったこともあるのでしょうが、長期的な地域人口の安定を見通していない、あるいは具体的な年ごとの目標などが提示されていない中途半端なものが多くみられました。

第二に、2010年代に入ってから顕著となった田園回帰の動きが、現在の「地域人口ビジョン」には織り込まれていません。タイミング的に2015年の国勢調査のデータは使うことが困難だったからです。

第三に、ほとんどの自治体は、自治体全体の「地域人口ビジョン」のみを策定しており、自治体内の地区ごとの分析は行われていません。つまり、定住を受けとめ日頃の生活の舞台となる基礎的な生活圏ごとの人口分析や予測は、実施されていないのです。これでは、地域住民が我が事として本気になる取り組みにはなりません。

第四に、他の部門、たとえば地域経済や介護といった部門と連動した定量的な分析やシミュレーションがほとんどできていません。定住増加の数値目標に対応した域内所得の創出や、将来の高齢者人口予測に基づく介護費用の算出などを進めないと、安心できる未来は見えてきません。

第五に、「地域人口ビジョン」策定の考え方が、まだ経済も人口も大きいほうがよいという成長志向に基づいています。これからは、本気で、持続可能な地域社会を目指す時代です。それぞれの地域の環境容量や底力を見極めながら、これなら大丈夫という地域人口レベルに安定させていくことが求められます。

本書は、以上のような現在の「地域人口ビジョン」の問題点と最新の人口動向をふまえ、自治体としても地区別でも実施可能であり、他部門と連動し、持続可能な地域社会の姿を展望する「地域人口ビジョン」を策定するための考え方、手法、実践例をまとめています。ぜひ、それぞれの自治体、地域でご活用いただくことを願っています。

持続可能な地域社会総合研究所

所長　藤山　浩

CONTENTS

はじめに 1

序章 「消滅可能性」から「持続可能性」へ
—— 「縁辺革命」としての田園回帰   5

1 離島や山間部で若い女性が増え始めている
　　—— 「消滅可能性」から「持続可能性」へ、「縁辺革命」 6

2 縁辺部から「過疎」が終わり始めている?—— 離島・山間部の町村で大幅な「社会増」 8

3 多くの自治体で見えない人口安定化 —— あらためて必要なホンモノの地域人口ビジョン 10

4 人口取り戻し1%戦略① 子ども人口安定化へ
　　—— 過疎市町村の9割は人口1%未満の定住増加で達成予測 12

5 人口取り戻し1%戦略② 総合的な人口安定化へ
　　—— 全域過疎指定市町村でも人口1.15%分の定住増加で達成予測 14

第1章 地域人口分析の手法
—— 進化した「地域人口分析・予測シミュレーションシステム」   17

1 地域人口予測をどんな手法で行うか
　　—— コーホート要因法とコーホート変化率法の比較 18

2 年齢別人口データを入力する —— 人口全体の年齢バランスを分析する 20

3 年齢階層別の変化率を出すコーホート変化率
　　—— 人口予測の土台となる男女別5歳刻み年齢階層の変化率 22

4 コーホート変化率を集約し、人口予測へ
　　—— 地域人口の現状と未来を映し出すコーホート変化率のグラフ 24

5 人口予測をしてみる 26

第2章 2010年代前半における全市町村の人口分析
   33

1 30代女性の人口増減率 —— 全国的に目立つ縁辺地域への転入増加 34

2 合計特殊出生率 —— 社会移動後の居住人口から女性・子ども比を算出 39

3 社会増減率 —— 首都圏と西南日本への移動が目立つ 44

第3章 全市町村の人口将来予測 49

1 現状推移における人口予測
── このまま進むと各市町村の人口は30年後にどうなるか？ ⋯⋯⋯⋯ 50

2 子ども人口安定化のために必要な定住増加割合
── どのくらい定住を増やせば、子ども人口を長期に維持できるか？ ⋯⋯⋯ 55

3 総合的人口安定化に必要な定住増加割合
── 総人口・子ども人口・高齢化率の3条件を同時に安定させる ⋯⋯⋯⋯ 60

第4章 地域介護分析の手法 65
── 地域別「お達者度」をもとに介護費用を分析する

1 地域の介護状況を男女・年齢階層別に集約する ⋯⋯⋯⋯⋯⋯ 66

2 介護認定率と平均介護度を比べてみる
── 介護対象者の広がりと介護段階の重さを測る ⋯⋯⋯⋯⋯⋯⋯⋯ 69

3 年齢階層別の介護費用を出して、比べてみる ⋯⋯⋯⋯⋯⋯⋯ 71

4 将来の介護費用を予測する
── 人口予測と組み合わせたハイブリッドプログラムを開発 ⋯⋯⋯⋯ 74

5 地区ごとの介護状況を比較する
── 単純な平均値では見えてこない「お達者度」の実相 ⋯⋯⋯⋯⋯⋯ 77

6 地区ごとの介護費用を比較する── 全国と比べて実質的にどれだけ高いか、低いか ⋯⋯ 79

7 介護費用が実質的に低い地区を調べてみる
── どの要因、どの世代が決め手となっているか ⋯⋯⋯⋯⋯⋯⋯⋯ 82

`column` 地域の介護費用を正しく比較するために ⋯⋯⋯⋯⋯⋯⋯⋯⋯ 84

第5章 田園回帰の最前線を訪ねて 85
── 縁辺の町や村で何が起きているか

1 十島村（鹿児島県）── 小さな島が連なる村が人口増加率全国トップ　ルポ・甲斐かおり ⋯⋯⋯ 86

2 大川村（高知県）── 島以外では全国最小の山村が大きな社会増 ⋯⋯⋯⋯ 93

3 下川町（北海道）── 最も寒い町が、最も暖かく、人を呼び込む ⋯⋯⋯⋯ 97

CONTENTS

第6章 地域人口ビジョンの取り組み 101
—— 定住推進ワークショップと地区別戦略の実例

1 住民自ら、「これならできる」定住目標を決める
—— 「定住推進ワークショップ」第1段階 ………………………………… 102

2 定住を受けとめる地区の現状を「天気図」で診断
—— 「定住推進ワークショップ」第2段階 ………………………………… 104

3 定住を実現していく地域の進化形を「天気図」に
—— 「定住推進ワークショップ」第3段階 ………………………………… 106

4 自治体全体で地区別の人口ビジョンに取り組む—— 邑南町の取り組み⑴ ……… 108

5 地域人口ビジョンと「地区別戦略」—— 邑南町の取り組み⑵ ……………… 110

6 地区ごとの人口予測と人口安定化への見通しを共有—— 邑南町の取り組み⑶ … 112

7 12地区で定住増加の「リーグ戦」を展開—— 邑南町の取り組み⑷ ………… 114

column 「かごしま農村創生塾」を開いてみて 粟田順子 ………………… 116

第7章 今後の地域人口ビジョンづくりに向けて 117
—— 地域診断・全国比較・持続可能性

1 診断・共有・学び合いによる地域の共進化
—— 地域横断の「リーグ戦」と分野横断の総合政策へ …………………… 118

2 地区ごとの診断・目標に対応した定住促進の実践
—— 地区ごとの人口ビジョン・戦略と取り組み …………………………… 120

3 これだけ違う東北地方と中国地方—— 地方ブロックごとの比較分析 ……… 122

4 なぜ、秋田県は、島根県よりも人口が少なくなる?
—— 県ごとの人口予測にも大きな違い ……………………………………… 124

5 東京一極集中の長期的な帰結とコスト—— 1㎢に高齢者4,000人以上が集中居住 … 126

6 21世紀の石高制。持続可能な地域人口とは?
—— 最適な居住人口を積算してみると ……………………………………… 128

おわりに ……………………………………………………………………… 130

付録 ………………………………………………………………………… 133

用語解説 …………………………………………………………………… 137

序 章

「消滅可能性」から
「持続可能性」へ

「縁辺革命」としての田園回帰

人口が集中する都市部から遠く離れた地域は、地理学では、縁辺性が高いと評し、中心地域に対比して、縁辺地域と呼ばれています。縁辺地域は、社会経済的な主流に乗り遅れた条件不利地域とされることが多いわけですが、逆に新しい時代の革新的なシステムが生まれることがよくあるのもこうした縁辺性の高い地域です。このような縁辺地域からの「ひっくり返し」を「縁辺革命」と呼んでいます。

2010年代前半、田園回帰が「縁辺革命」として始まっています。高度経済成長期に「過疎」という言葉が生まれて半世紀、新たな風が吹き始めたいまこそ、すべての自治体・地元で確かな地域人口ビジョンをつくり直すときなのです。

1 離島や山間部で若い女性が増え始めている
──「消滅可能性」から「持続可能性」へ、「縁辺革命」

2014年に日本創成会議[*1]により「市町村消滅論」が発表され、4年が経ちました。私たち持続地域総研では最新の2015年国勢調査を活用し、全国の自治体の人口予測をやり直してみました。その結果、2010年代前半、離島や山間部の小さな町や村から、次世代を取り戻し始める「縁辺革命」が起きていることがわかりました。

「日本創成会議」の女性減少予測を覆す

4年前、日本創成会議により「消滅可能性市町村」とされた多くの地方自治体では、いま何が起きているのでしょうか。全国の過疎指定市町村[*2]のなかで2010年と2015年の国勢調査データを比較して30代女性が増加した上位20自治体についての比較分析（表序－1）をみてみましょう。リストには、小規模な離島や山間部の町や村が目白押しです。しかも、すべて合併しなかった自治体です。このうち16町村は、日本創成会議により、20～39歳女性が半減以下となることから、「消滅可能性市町村」とされていました。しかし、私たちの新たな分析では、20～39歳女性を大幅に増やすところが大部分です。人口全体をみても、半数が維持もしくは増加に転じています。つまり、まったく異なる未来予測となるのです。

過疎指定市町村の4割以上で30代女性が増加

2010年と2015年の国勢調査データを比較すると、過疎指定市町村（2015年時点で797自治体、以下同じ）において、41.0％の327市町村で30代女性が増加していることがわかりました。

ただし、この増加は、2010年と2015年の30代女性人口を単純に比較したものではありません。2015年時において30～39歳であった30代女性は、2010年時では25～34歳です。このような同じ一定期間（この場合は10年間）に生まれた年齢集団（コーホート）を追いかけ比較していくことで、現在30代となっている女性について、2010年代前半の5年間において、転入と転出どちらが多いかがわかります。

結婚・出産・子育ての主力世代となっている30代女性が「転入超過」であることは、これからの地域人口を維持していくうえで決定的に重要です。そうした重要性をもつ30代女性の人口回復に、2010年代前半において半分近い過疎指定市町村が成功しているという事実があります。

2014年に発表された日本創成会議による将来予測は、2010年の国勢調査までのデータをもとにしたものでした。今回、私たちは、2015年の国勢調査をもとにやり直してみました。その結果、離島・山間部の自治体において、若年層の女性の「激減傾向」ではなく「増加傾向」の実態が現れ、将来予測においても「消滅可能性」ではなく「持続可能性」が出てきています。それは、数少ない例外的な現象ではなく、全国の少なくとも数十の「縁辺」自治体に共通する現象となっているのです。

私たちは、これから、この2010年代前半における「縁辺革命」をいろいろな面から確かめていきたいと思います。4年前の「市町村消滅論」は、多くの自治体で一種の絶望感を醸成しました。いま一度、最新

のデータにより、本当にそうなのか、どうすればよい　　のか、みんなで検証していこうではありませんか。

表 序－1 日本創成会議と持続地域総研の人口予測の比較（過疎指定市町村）

自治体情報			現状	2010年国勢調査値		日本創成会議による予測値		持続地域総研による予測値	
順位	都道府県名	市町村名◉1	2010～2015年30代女性増減率◉2（%）	人口（人）	20～39歳女性（人）	2040年時人口変化率（%）	2040年時20～39歳女性変化率◉3（%）	2040年時人口変化率（%）	2040年時20～39歳女性変化率（%）
1	鹿児島県	十島村	129.4	657	46	-35.6	-59.8	340.3	295.8
2	和歌山県	北山村	83.3	486	24	-46.4	-53.8	0.0	96.0
3	鹿児島県	三島村	78.6	418	32	-39.2	-55.8	183.3	413.0
4	沖縄県	北大東村	47.6	665	45	-37.1	-40.8	-41.1	-62.2
5	島根県	海士町	47.4	2,374	145	-45.5	-64.3	34.2	182.1
6	長野県	北相木村	37.5	842	43	-49.9	-65.4	-25.1	24.0
7	山梨県	小菅村	34.8	816	44	-50.4	-55.6	-47.8	-75.0
8	島根県	知夫村	31.3	657	27	-48.8	-51.8	0.0	149.5
9	沖縄県	伊是名村	30.0	1,589	118	-34.7	-57.8	13.4	62.0
10	鹿児島県	大和村	26.8	1,765	105	-43.2	-56.5	-60.9	-84.8
11	宮崎県	諸塚村	26.3	1,882	103	-58.9	-60.2	-30.8	39.4
12	長野県	生坂村	25.8	1,953	151	-51.9	-59.9	-24.6	-3.9
13	新潟県	粟島浦村	25.0	366	14	-55.4	-83.2	2147.8	23589.2
13	長野県	売木村	25.0	656	40	-36.0	-35.7	-49.1	-80.0
13	沖縄県	渡名喜村	25.0	452	19	-23.8	-37.7	61.7	-89.5
16	高知県	三原村	24.4	1,681	98	-44.7	-62.8	-35.3	-17.9
17	長野県	中川村	24.3	5,074	433	-30.9	-43.9	-31.0	-38.6
18	愛知県	東栄町	23.2	3,757	185	-59.7	-74.8	-35.0	-42.7
19	長崎県	小値賀町	22.9	2,849	131	-62.3	-75.6	-53.3	-55.7
20	北海道	中川町	21.3	1,907	122	-58.7	-70.3	-39.2	-54.9

◉1：アミかけは離島自治体。

◉2：2010年時の25～34歳女性と2015年時の30～39歳女性を比較して算出。

◉3：アミかけは「消滅可能性」自治体とされたもの。

※ 持続地域総研の分析による2010～2015年30代女性増減率上位20自治体で作成。福島県檜枝岐村は同増減率が78.8％増となっており10位に相当するが、日本創成会議のデータでは福島県内市町村の値がすべて計算されていないため、割愛した。また、同会議の予測値「2040年時20～39歳女性変化率」のアミかけは、減少率が50％以上となっており、「消滅可能性市町村」に該当する。

※ 全市区町村のランキングは巻末表付－1参照。

ここがポイント！

地域人口は「生き物」です。5年違うと、まったく異なる傾向が生まれてくることがあります。最新のデータで、いま起こっていることを未来に投影しましょう。

*1：2011年に発足した民間団体で、日本のエネルギーや人口問題について提言を行っている。人口減少問題検討分科会が2014年に行った提言では、人口の「再生産力」を示す20-39歳の女性人口が50％以下に減少する市区町村896を消滅可能性都市として発表し、大きな反響を呼んだ。

*2：巻末用語解説参照。

2 縁辺部から「過疎」が終わり始めている?
——離島・山間部の町村で大幅な「社会増」

この半世紀、地方の多くの自治体にとっては、人口の社会減が続く「過疎」の時代でした。いま、人口の社会増を実現する過疎指定市町村が現れ始めています。この社会増も、離島や山間部の小さな町や村で際立っているのです。

1割を超える過疎指定市町村で社会増

2010年代前半、過疎指定市町村のなかで、11.7%（93自治体）が社会増を実現しています。全市区町村（1,741）では、社会増の自治体は25.4%（442自治体）あります。やはり過疎自治体は全体的には依然として社会減傾向が強いといえますが、注目すべきは、社会増を実現している過疎指定市町村の地域分布（図序－1）です。

社会増市町村の多くは、離島もしくは県境付近の山間部に位置しています。上位20自治体については、その傾向は顕著となり、特に上位10自治体はほとんど離島で占められています（表序－2）。

一番「端」と「都心」で目立つ社会増

過疎指定市町村だけでなく、東京23区を入れた全市区町村で社会増加率上位20自治体を並べると、おもしろい傾向に気づきます。十島村（鹿児島県）、粟島浦村（新潟県）、与那国町、渡名喜村（沖縄県）、海士町、知夫村（島根県）の六つの小さな離島自治体が食い込んでいることは驚異的ですが、同時に千代田区、港区、台東区といった都心や湾岸の特別区が上位にきています。これは、大規模なタワーマンションの急速な増加が大きく寄与しているものと考えられます。その長期的な持続可能性については後で検討します。

それにしても、2010年代前半の日本において大幅な社会増が、離島と都心というまったく対照的な地域で発生していることに驚かされます。このような一見矛盾する傾向がみられる背景を、どう考えればよいのでしょう。

都心への人口集中は、従来からの「大規模・集中

表 序－2 社会増加率上位20自治体（過疎指定市町村）

順位	都道府県名	市町村名	増加率（%）
❶	鹿児島県	十島村	27.7
❷	新潟県	粟島浦村	17.2
❸	沖縄県	与那国町	17.2
❹	沖縄県	渡名喜村	11.1
❺	島根県	海士町	9.4
❻	島根県	知夫村	8.3
❼	高知県	大川村	7.1
❽	島根県	西ノ島町	6.5
❾	広島県	大崎上島町	6.2
❿	沖縄県	座間味村	5.7
⓫	愛知県	東栄町	5.6
⓬	和歌山県	北山村	5.3
⓭	北海道	ニセコ町	4.9
⓮	北海道	厚真町	4.3
⓯	沖縄県	竹富町	4.0
⓰	高知県	北川村	4.0
⓱	山口県	阿武町	3.9
⓲	福島県	金山町	3.1
⓳	宮崎県	木城町	3.1
⓴	長野県	生坂村	3.0

※2010年0〜64歳と2015年5〜69歳を比較し、自然減を除く。
※アミかけは離島自治体。
※数値が同じ自治体の順位は、四捨五入した下位の位の差による（以下の表も同じ）。

型」を志向する国土開発システムの延長とみなせます。しかし、もう一方の離島を中心とした社会増は、究極の「小規模・分散型」の立地条件で発生しています。仮説として想定できることは、いままで圧倒的に条件優位とされてきた「大規模・集中型」の国土開発システムの最縁辺部において、恩恵を受けることが少なかったがゆえに、いままでとはまったく異なる新たな持続可能性をもつ暮らしと経済、自然が織りなす「生態系」が生まれ始めているのではないかということです。

このような文明的転換の問題意識ももちながら、現在起こっている「縁辺革命」の実態と背景をさらに探っていきたいと思います。

図 序-1 過疎指定市町村における社会増市町村の分布

※2010年の0〜64歳と2015年の5〜69歳を比較し、全国の生残率をあてはめて計算し、自然減分を除いて算出。
※社会増加率上位20の自治体名を記載。
※全市区町村のランキングは巻末表付-2参照。

ここがポイント！

特定の地方の縁辺地域に限定された社会増ではなく、全国的な現象の広がりに注目すべきです。

*3：巻末用語解説参照。

3 多くの自治体で見えない人口安定化
――あらためて必要なホンモノの地域人口ビジョン

離島や山間部の小さな町村での次世代の社会増の一方で、過疎指定市町村全体としては、すでに高齢化が進んでいることもあり、厳しい人口の将来予測が出ています。あらためて、長期にわたる人口安定化を目指す地域人口ビジョンが求められているのです。

過疎指定市町村の半数では、30年間で人口半減予測

離島や山間部の小規模自治体で、次世代人口の取り戻しが始まっているという注目すべき動きがあるものの、現状推移の場合、多くの自治体では、人口の将来予測の数値は、かなり厳しいものとなっています。

図序－2は、2010年代前半における人口の自然および社会動態がそのまま続くと仮定した場合の全国1,741市区町村の人口増減率予測分布を示しています。全体として、今後30年で30％以上人口が減少すると予測される自治体は1,102で、63.3％と6割を超えます。そして、過疎指定市町村（797自治体）では、半数近い46.5％の371自治体が50％を超える減少率となります。

しかも深刻なのは、今後の30年で人口が半減するような激減予測自治体では、ほとんどの場合、30年後以降においても減少の度合いは緩やかにならず、とめどなく地域人口が減っていくパターンとなっていることです。私は、地域人口は多ければ多いほどよいとは考えません。その地域の環境容量[*4]に対し適正な人口を検討し、そのレベルを保つべきだと思います。

その一方、人口減少に歯止めがかからないのも困りものです。学校や病院あるいは商店などの機能を絶えず縮小したり、統廃合を進めていかなければなりません。いままでの投資は無駄となり、いまの制度や施設を保持すれば、将来はより少ない人口で支えていかなければなりません。

したがって、そろそろ本気で、自分たちの地域の適正人口を見定め、そのための具体的な戦略を始動させていく時代だと考えます。

本書では、その適正人口の見定め方を紹介していきます。

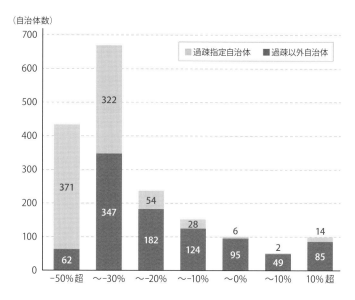

図 序－2 全国市区町村における2015～2045年の人口増減率

※全国の市区町村の将来人口を2010年・2015年の国勢調査データをもとに、「コーホート変化率法」で予測。棒グラフ中の数値は自治体数。

地域差が大きい出生率 ── 都会で低く、日本全体では「西高東低」

社会増減を考えない場合、その地域の人口維持は、出生率が低いままでは困難となります。1人の女性が生涯に産む平均子ども人数を割り出した値を「合計特殊出生率」と呼び、その値が「2.07」を下回ると、人口の縮小が始まるとされています。

日本全体の「合計特殊出生率」は1.44まで低下している（2017年、厚生労働省）ため、このままでは長期的な国全体の人口減は避けられないことになります。

全国の都道府県・市町村の「合計特殊出生率」は、どのくらいの違いがあるのでしょうか。

まず、表序－3の都道府県ランキングをみると、上位は沖縄・九州・中国エリアが目立ち、下位は東北・北海道そして首都圏エリアが目立ちます。全体としては、「西高東低」の傾向となっています。表序－4の市町村版のランキングをみても、上位は、圧倒的に九州・沖縄エリアの離島で占められています。

表 序－3 都道府県合計特殊出生率ランキング（2015年度）

順位	都道府県名	合計特殊出生率(%)	順位	都道府県名	合計特殊出生率(%)
1	沖縄県	1.95	24	山形県	1.53
2	宮崎県	1.75	25	高知県	1.52
3	島根県	1.74	26	富山県	1.52
4	鹿児島県	1.72	27	群馬県	1.51
5	長崎県	1.68	28	福島県	1.51
6	熊本県	1.68	29	山梨県	1.51
7	佐賀県	1.67	30	福岡県	1.50
8	鳥取県	1.64	31	新潟県	1.50
9	長野県	1.64	32	栃木県	1.49
10	滋賀県	1.63	33	岩手県	1.49
11	福井県	1.62	34	茨城県	1.48
12	広島県	1.61	35	兵庫県	1.48
13	大分県	1.60	36	徳島県	1.47
14	香川県	1.60	37	青森県	1.42
15	静岡県	1.60	38	奈良県	1.42
16	山口県	1.59	39	秋田県	1.41
17	愛媛県	1.57	40	埼玉県	1.41
18	岐阜県	1.56	41	神奈川県	1.40
19	石川県	1.56	42	千葉県	1.40
20	三重県	1.56	43	宮城県	1.38
21	愛知県	1.55	44	大阪府	1.36
22	和歌山県	1.54	45	北海道	1.34
23	岡山県	1.53	46	京都府	1.33
			47	東京都	1.18

表 序－4 市町村合計特殊出生率 上位20自治体ランキング（2015年度）

順位	都道府県名	市町村名	出生率(%)
1	沖縄県	北大東村	3.67
2	長野県	平谷村	3.38
3	鹿児島県	伊仙町	3.21
4	沖縄県	南大東村	3.12
5	宮崎県	椎葉村	3.06
6	東京都	神津島村	2.94
7	沖縄県	伊是名村	2.91
8	鹿児島県	天城町	2.67
9	沖縄県	多良間村	2.61
10	熊本県	水上村	2.58
11	鹿児島県	知名町	2.57
12	鹿児島県	宇検村	2.56
13	鹿児島県	龍郷町	2.55
14	沖縄県	宜野座村	2.54
15	鹿児島県	与論町	2.54
16	長崎県	小値賀町	2.51
17	宮崎県	五ヶ瀬町	2.47
18	鹿児島県	和泊町	2.47
19	鹿児島県	喜界町	2.45
20	鹿児島県	大和村	2.44

※アミかけは離島自治体。

※出産年齢期の女性（たとえば20～39歳）と幼児（4歳以下）の割合（女性・子ども比）から、「合計特殊出生率」を近似的に算出したもの。詳しい計算の方法については、次章第3節（p.23）で解説。

ここがポイント！

多くの若年層が地方圏から流入する首都圏の合計特殊出生率が低く、そのことが日本全体の人口減少を加速させています。

＊4：巻末用語解説参照。

4 人口取り戻し1％戦略① 子ども人口安定化へ
―― 過疎市町村の9割は人口1％未満の定住増加で達成予測

それぞれの自治体が求めているのは、「消滅」するぞと脅されることではありません。具体的にどんな取り組みをすれば人口安定化が実現できるかという「処方箋」です。実は、毎年人口1％分の定住を増やすことができれば、過疎市町村の9割で子ども人口の安定化が達成できるのです。

100人当たり毎年1人未満の定住増加で子ども人口安定へ

国全体の人口安定化には合計特殊出生率の回復が不可欠です。しかし、長年にわたり若年層が流出してきた過疎指定市町村のような自治体では、合計特殊出生率を少々上げても地域人口の安定化は達成できません。過去半世紀にわたる人口の流出を、定住増加によって世代のバランスよく取り戻すことが人口安定化の基本的な戦略となります。

それでは、具体的にどれだけ新たな定住者を獲得すれば、地域人口の安定化を実現できるでしょうか。次章で詳しく紹介しますが、私たち持続地域総研が開発した人口分析プログラムを使えば、将来予測だけでなく、どの世代の定住を1年当たり何世帯増やせば長期的な人口安定化が達成できるかという具体的な目標数値が出てきます。

まずは、各自治体の子ども人口（14歳以下人口）安定化に向けたシミュレーションをしてみます。これだけ少子化と高齢化が進むと地域人口全体の縮小を即座に止めることはかなりハードルが高いのですが、その場合でも、子ども人口だけは現状維持をはかることで、一定程度人口全体が減っても下げ止まりと次世代継承が見えてきます。

図序−3は過疎指定市町村において、1年当たり人口の何パーセント分定住を増やせば子ども人口安定化を達成できるかを示したものです。

このたびの2015年国勢調査データをもとにしたシミュレーションでは、過疎指定市町村であっても、全体（797自治体）の9割近い703自治体（88.2％）では、人口1％未満の定住増加で、長期的な子ども人口の安定化（30年間で1割減程度にとどめること）が達成できることがわかりました。つまり、ほとんどの地域で、1年に、住民100人当たりにして1人未満の定住増加で、少なくとも子ども人口の安定化は達成できるのです。

この計算では、地域人口の年齢バランスを保つため、子ども人口に寄与しない60代前半の定住も含めて計算しています。そのため、子ども人口の増加に直結する若年層の定住増加については、実際にはもっと少ない割合で達成可能となるわけです。

図序−3 過疎指定市町村における子ども人口安定化に必要な定住増加割合（人口比％）

※2045年における子ども人口が2015年の9割以上となることを「子ども人口の安定化達成」とみなし、そのための定住増加必要人口を計算。
※20代前半男女・30代前半子連れ夫婦・60代前半夫婦の定住を同組数増やすと想定し、1年当たりの定住増加必要人数を算出。

地方同士の人口の奪い合いではなく、東京圏からの人口還流で達成可能

2015年現在、797の過疎指定市町村のうち全域過疎指定となっている616市町村について、今回計算した子ども人口安定化に必要な定住増加数を合算してみると、その合計人数は、1年当たり57,024人でしかありません（これらの自治体人口全体の0.73%分）。実は2016年における東京圏の転入超過は、117,868人に達しています（総務省）。長期的な限界が見えてきた東京圏にこれ以上人口を押し込めず、その転入超過の半分にも満たない人口が全域過疎指定市町村に定住していけば、人口の安定化が見えてくる計算になるわけです。

いままでは、「日本全体の人口が減るのだからわが町もダメだ」とか、「地方同士の人口の奪い合いが起きるから難しい」といった言説が目立ちました。しかし、実際に人口安定化に必要な定住を算出してみると、東京圏からの人口還流があれば、あるいはそもそも東京圏への一極集中的流出がなければ、過疎地域の人口安定化は見えてくるのです。

過疎指定でも24町村が子ども人口の安定化達成予測

持続地域総研のシミュレーションにより、過疎指定市町村のなかでもすでに24町村が、子ども人口安定化を達成する見込みがあることが判明しました。表序-5のように、比較的全国に分布し、この2010年代前半の「縁辺革命」としての田園回帰現象に対応して、山間部や離島といった縁辺性の高い小規模町村がほとんどとなっています。これは、とても勇気をもらえる事実です。しかも、すべてが非合併自治体であることも注目されます。

このような従来の考え方からすれば条件不利と思われる縁辺自治体でどのような取り組みをして子ども人口の安定化を達成しているのか、まずは地方の自治体同士で学び合いを始めたいですね。

ちなみに、過疎指定に限定しない全市区町村においては、全体の10.1%に当たる合計176の自治体が現時点において、子ども人口安定化の達成が見込めます。

表 序-5 子ども人口安定化達成予測の過疎町村

都道府県名	町村名			
北海道	占冠村	初山別村	猿払村	西興部村
	豊浦町	鹿追町		
福島県	檜枝岐村			
群馬県	上野村			
新潟県	粟島浦村			
長野県	北相木村	生坂村		
和歌山県	北山村			
島根県	海士町	知夫村		
高知県	北川村	三原村		
宮崎県	木城町	諸塚村		
鹿児島県	三島村	十島村		
沖縄県	座間味村	伊是名村	多良間村	竹富町

※2015〜2045年において子ども人口の減少が1割未満にとどまる過疎指定自治体。すべて非合併町村。
※アミかけは離島自治体。

ここがポイント！

人口比1%分の定住増加で多くの地域では人口安定化が達成できる「1%戦略」が最新の国勢調査で立証された意義は、とても大きいと思います。

5 人口取り戻し1％戦略② 総合的な人口安定化へ
—— 全域過疎指定市町村でも人口1.15％分の定住増加で達成予測

子ども人口だけでなく、地域人口全体や高齢化率も安定させるとなると、どのくらいの定住増加が必要でしょうか。この総合的な人口安定化についても、1年で1％程度の定住増加で達成が見えてくることがわかりました。

全国163の市区町村で総合的な人口安定化達成予測

持続地域総研による2010年代前半の人口動態をもとにした将来シミュレーションによれば、全国で163の市区町村が、30年後の2045年時点において、2015年時に比べ、総人口の維持と子ども人口の維持（9割以上を保持）、および高齢化率の抑制（減少または40％以下）の3条件を満たす総合的な人口安

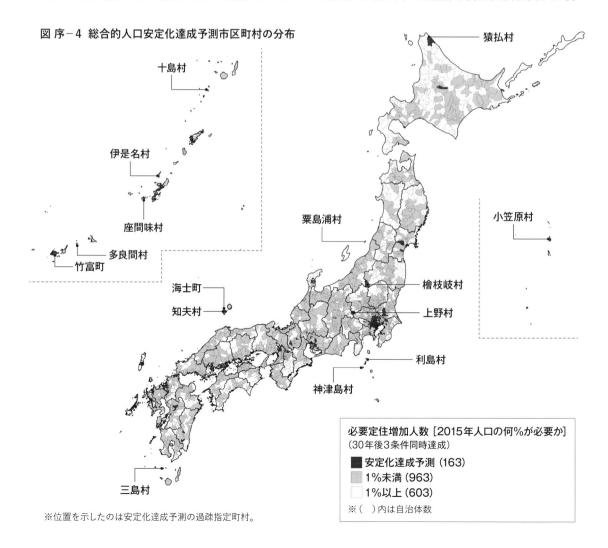

図 序－4 総合的人口安定化達成予測市区町村の分布

※位置を示したのは安定化達成予測の過疎指定町村。

定化を達成する予測がでています。

安定化達成予測市町村の分布を見ると（図序−4）、東京・仙台・名古屋・大阪・福岡などの大都市圏周辺に集中していますが、少数ながら離島・山間部でも存在しています。

全国で163自治体ある総合的な人口安定化達成予測市町村リスト（表序−6）を見ると、三大都市圏と九州・沖縄ブロックに多く分布しています。特に、沖縄県には18自治体あり、全国の1割強を占めています。

表 序−6　総合的人口安定化達成予測市区町村の分布

都道府県名	市町村名			
北海道	東神楽町	東川町	●猿払村	
宮城県	名取市	大和町	富谷町	大衡村
福島県	●檜枝岐村			
茨城県	牛久市	つくば市	つくばみらい市	
群馬県	吉岡町	●上野村		
埼玉県	さいたま市	川口市	越谷市	蕨市
	戸田市	朝霞市	志木市	和光市
	八潮市	富士見市	吉川市	ふじみ野市
	滑川町			
千葉県	船橋市	木更津市	習志野市	流山市
	四街道市	印西市		
東京都	千代田区	中央区	港区	新宿区
	文京区	台東区	墨田区	江東区
	品川区	目黒区	大田区	世田谷区
	渋谷区	中野区	杉並区	豊島区
	北区	荒川区	板橋区	練馬区
	江戸川区	武蔵野市	三鷹市	府中市
	調布市	小金井市	小平市	日野市
	国分寺市	狛江市	東大和市	稲城市
	西東京市	日の出町	利島村	神津島村
	小笠原村			
神奈川県	川崎市	藤沢市	開成町	
新潟県	刈羽村	粟島浦村		
石川県	野々市市	川北町		
山梨県	昭和町			
長野県	南箕輪村			
岐阜県	瑞穂市	岐南町		
静岡県	長泉町			

愛知県	刈谷市	安城市	常滑市	東海市
	大府市	知立市	高浜市	日進市
	清須市	北名古屋市	みよし市	長久手市
	東郷町	豊山町	大口町	大治町
	阿久比町	幸田町		
三重県	朝日町	川越町		
滋賀県	草津市	守山市	栗東市	愛荘町
	豊郷町			
京都府	京田辺市	木津川市		
大阪府	豊中市	吹田市	茨木市	箕面市
	摂津市	島本町	田尻町	
兵庫県	播磨町			
奈良県	葛城市	王寺町		
和歌山県	日高町	●北山村		
鳥取県	日吉津村			
島根県	●海士町	●知夫村		
岡山県	里庄町			
徳島県	北島町			
香川県	宇多津町			
福岡県	福岡市	春日市	大野城市	太宰府市
	福津市	志免町	須恵町	新宮町
	粕屋町			
佐賀県	鳥栖市			
熊本県	合志市	大津町	菊陽町	嘉島町
	益城町			
宮崎県	三股町	綾町		
鹿児島県	●三島村	●十島村		
沖縄県	宜野湾市	浦添市	名護市	沖縄市
	豊見城市	南城市	恩納村	宜野座村
	金武町	北谷町	中城村	与那原町
	南風原町	●座間味村	●伊是名村	八重瀬町
	●多良間村	●竹富町		

※市町村名横の●印は、過疎指定市町村。
※アミかけは離島自治体。

全域過疎指定市町村でも人口1.15％分の定住増加で人口安定化達成可能

前節と同じように、過疎指定市町村（797自治体）において、1年当たり人口の何パーセント分定住を増やせば総合的な人口安定化を達成できるかを算出してみました（図序－5）。

さすがに1％未満の定住増加で人口安定化を達成できる自治体は4割強（41.2％）の328自治体にとどまっています。ただ、大半（94.9％）の過疎自治体では、必要な定住増加割合は、1.5％未満にとどまっています。

そして、これも同様に、全域過疎指定となっている616市町村について、今回計算した総合的人口安定化に必要な定住増加数を合算してみると、合計数は、1年当たり89,298人です。これは、対象自治体人口全体の1.15％分に相当します。つまり、人口総数・子ども人口・高齢化率という三つを同時に安定化させる条件においても、必要な定住増加割合は、1年当たり人口比1％程度で収まっているのです。

また、この全域過疎指定市町村全体で89,298人という定住増加必要人数は、前述した2016年における東京圏の転入超過数117,868人を下回っています。したがって、総合的な人口安定化を目指す場合においても、「地方同士の人口の取り合いになるからダメだ」といった悲観論は当てはまりません。いままでひとり勝ちしてきた東京圏からゆっくりと人口を全域過疎指定市町村等に還流させていけば、総合的な人口安定化も見えてくるというわけです。

この序章では、2010年代前半の人口統計をもとに、2014年に出された「市町村消滅論」を検証してみました。その結果、「消滅可能性」だらけだった縁辺部の離島や山間部の小規模自治体で、次世代を中心とした田園回帰が始まっていることがわかってきました。そして、いままで示されなかったどうすればよいのかという「処方箋」について、1年当たり人口1％程度の定住を増やすことで、長期的な地域人口の安定化が達成できることが立証されました。

どうでしょうか。あらためて、それぞれの地域・自治体でホンモノの「地域人口ビジョン」を創り直してみませんか。その手法や実例、応用例を各地の分析結果も交えながら、次章から紹介していきます。

図 序－5 過疎指定市町村における子ども人口安定化に必要な定住増加割合（人口比％）

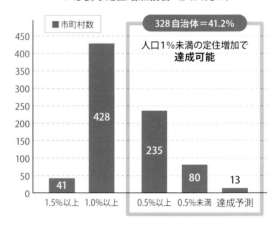

※2045年における総人口・子ども人口が2015年の9割以上となると同時に高齢化率が2015年時に比べて低下するまたは40％以下となるために必要な定住増加必要人数を計算。
※20代前半男女・30代前半子連れ夫婦・60代前半夫婦の定住を同組数増やすと想定し、1年当たりの定住増加必要人数を算出。

ここがポイント！

実際には、出生率向上や流出率抑制と組み合わせることで、それぞれの地域・自治体に求められる定住増加の割合は、さらに手の届きやすいレベルになる可能性があります。詳しくは、次章の「手法」で紹介します。

第 **1** 章

地域人口分析の手法

進化した
「地域人口分析・予測シミュレーションシステム」

この章では、小規模な自治体や地域において使いやすい
地域人口分析の手法を解説します。そして、全国市町村の
分析で使用した持続地域総研の「地域人口分析・予測シ
ミュレーションシステム」をもとに、地域人口ビジョンづくり
のステップを紹介します。

1 地域人口予測をどんな手法で行うか
—— コーホート要因法とコーホート変化率法の比較

地域人口の推計によく使われる手法としては、「コーホート要因法」と「コーホート変化率法」の二つがあります。この二つ以外の推計手法は、使用する変数が多いなど実用上の問題が多く、実際にはあまり使われません。主要手法の二つを比べてみましょう。ちなみに、コーホートとは、同期間に出生した年齢集団のことで、一般的に男女それぞれを5歳刻みに計算します。

コーホート要因法とコーホート変化率法

コーホート要因法は、基準年における男女・年齢別の人口に、将来の男女・年齢別生残率[*1]と男女・年齢別純移動率[*2]、そして女子の年齢別出生率を掛けて算出するものです。このうち、生残率と出生率は、県や市町村では人口動態統計から算出可能なのですが、純移動率はデータが一般的には整備されていないため、新たに推計作業が必要となってきます。また、人口が数千人以下の地域では、求められた生残率、出生率ならびに純移動率は、統計上の誤差が大きく、そのためさまざまな補正作業が必要となります。

国立社会保障・人口問題研究所といった専門機関が、市町村などの長期的な人口予測を行う際には、このコーホート要因法を使っています。そして、日本創成会議の人口予測も、同研究所の予測結果を下敷きにしています。

一方、コーホート変化率法は、小地域の人口推計に使用されることが多い手法です。コーホート変化率法が必要とするデータは、通常、基準年における男女・年齢別の人口とその5年前の男女・年齢別の人口だけです。年齢別データは、たとえば20〜24歳のように、5歳刻みで集計したものを使うのが普通です。男女・年齢別の人口だけを使うこの方法では、住民基本台帳[*3]などのデータを使えば、自治会や集落といった小規模なエリアでも集約できますし、毎年でも更新できます。そして、予測の算出方法自体が比較的単純にできていますから、あとから定住増加などの計算式を新たに付け加えるカスタマイズも容易にできます。

表1-1 コーホート要因法とコーホート変化率法の比較

	コーホート要因法		コーホート変化率法	
必要なデータ	多い：	年齢別の生残率・純移動率・出生率	少ない：	現在と5年前の男女年齢別人口のみ
対象地域	大規模：	県などデータが整備ずみの大きいエリア	小規模も可：	小規模な自治体や自治体内地域
専門性	高い：	データ補正や分析に一定以上の専門性必要	低い：	データ集約や計算の手法も理解しやすい
応用性	困難：	一定の専門性がないとカスタマイズが難しい	可能：	定住増加などのカスタマイズを組み込める

これからの「地域人口ビジョン」に求められる条件とは？

　田園回帰の時代の訪れを感じるいま、本気で人口の取り戻しと安定化を探る「地域人口ビジョン」をつくるためには、どのような人口予測の手法が求められるでしょうか。五つの条件が考えられます。

　第一には、何よりも住民にとってわかりやすい手法であることです。地域に定住を呼び込む主役は、当然ながら住民自身です。ブラックボックス的な予測プログラムから出てくる結果だけ押し付けられても、本気にはなれません。現状のどこに課題があり、希望があるのか、どのような要因が働いてこのような未来予測になるのか、そして毎年どのくらいの定住を実現すればよいのか、それぞれの具体的な数字が出てくる仕組みも含めて、住民が理解できるものであるべきです。

　第二は、小規模な自治体・地域にも対応できる手法であることです。定住を受け止める「土俵」は、やはりそれぞれの「顔が見える」地元ごとにつくらなければなりません。取り組みの単位と分析の単位が合致しなければ、進んでいきません。人口が数百人程度の小規模なコミュニティにおいて、現状を分析し、具体的な対策を示すことができることが必要です。

　第三は、年次ごとの更新が容易な手法であることです。転入・転出・出産・死亡などの人口動態は、毎年変わるものです。特に小地域では、1世帯の定住が新たに生まれることで、状況が大きく変わります。そうした変化を素早く未来に投影し、みんなで手応えを共有しながら取り組みを継続していきます。

　第四は、具体的な目標数値を出せる手法であることです。このまま行けば、人口減少と高齢化が続きますという現状推移による予測だけでは、やる気につながりません。具体的にどのくらい定住を増やせばよいのか、出生率や転出率の改善を組み合わせた場合はどうなのか、誰もが理解できる明快な目標を示すことのできるプログラムが必要なのです。

　第五は、地域の課題・可能性に応じて改良できる手法であることです。地域は千差万別です。定住促進にあたっての重点世代も違えば、出生率や転出率の改善必要度も異なります。地域ごとにオーダーメイドで対応できる柔軟性あるプログラムであることが重要です。

　持続地域総研では、以上の五つの条件を満たすため、必要データが少なくてすみ、小地域でも実施可能、専門家でなくても利用・応用が可能な「コーホート変化率法」を進化させ、「地域人口分析・予測シミュレーションシステム」を独自に開発しました。次の節からは、このシステムをもとに、地域人口分析の手法を解説していきます。

図1-1　地域人口ビジョンに求められる五つの条件

- ❶ 住民にとってわかりやすい
- ❷ 小規模な自治体・地域にも対応
- ❸ 年次ごとの更新が容易
- ❹ 具体的な目標数値を出せる
- ❺ 地域の課題・可能性に応じて改良

コーホート変化率法を進化 → 独自開発 → 地域人口分析・予測シミュレーションシステム

ここがポイント！

　市町村役場では、年齢階層に応じた教育・福祉政策や広報配布などの目的のため、通常、住民基本台帳をもとに集落や地区単位の詳細な人口データを集計され、活用が可能です。

---

*1：生残率については巻末用語解説参照。
*2：一定期間、ある場所での転入と転出の差を総人口で割った値。
*3：住民基本台帳については巻末の用語解説参照。

2 年齢別人口データを入力する
―― 人口全体の年齢バランスを分析する

地域人口分析を岡山県新庄村（人口866人、2015年）を事例に進めてみます。まずは年齢別の人口データをグラフにして、人口全体のバランスを確かめます。

必要なデータは、現在と5年前の男女別5歳刻み人口だけ

コーホート変化率法をもとに持続地域総研が開発した「地域人口分析・予測シミュレーションシステム」（以下、「シミュレーションシステム」）が必要とするデータは、表1－2に示したような現在（この例では2015年）と5年前の男女別5歳刻み人口だけです。5年ごとの国勢調査からも取得可能ですが、市町村役場が集計している住民基本台帳データを使えば、毎年でも可能です。

住民基本台帳データの利用には、次のような注意が必要です。

① 対象とする住民の共通化

基本的に住民全体が分析対象となるので、日本人・外国人と分けて集計されている場合には、現在と5年前それぞれで共通の対象となるように、合算することが必要です。

② 調査時点の共通化

現在と5年前のデータ期日も共通にします。その際、たとえば、3月31日あるいは4月1日といった年度末・年度はじめの頃は、進学・就職・転勤などの人口移動が落ち着いていない可能性があります。したがって、4月30日あるいは10月1日、1月1日のように、人口移動の比較的少ない時期に設定してください。

③大学生世代の扱い

住民基本台帳はあくまで住民票の所在地のデータです。たとえば、高校卒業後の大学生世代においては、実際は自治体外に進学・居住していても、住民票はもとの自治体においている場合もあります。その結果、大学生世代の人数が実際の居住者よりも多くなることもあるため注意が必要です。ただし、このような見かけ上の居住人口は、その後の就職などによって解消される場合がほとんどです。

表1－2 2015年と5年前の男女別5歳刻み人口の入力例 ――岡山県新庄村の場合

	年齢層（歳）	～4	～9	～14	～19	～24	…	～74	～79	～84	～89	90～
	男（人）	16	21	16	23	7	…	22	41	27	15	10
2010年	女（人）	14	23	25	11	11	…	53	49	39	29	24
	男女計（人）	30	44	41	34	18	…	75	90	66	44	34
	男（人）	7	16	19	11	8	…	40	19	35	17	8
2015年	女（人）	21	14	20	18	8	…	32	45	43	28	24
	男女計（人）	28	30	39	29	16	…	72	64	78	45	32

※岡山県新庄村における2010年、2015年国勢調査より

男女年齢別人口のグラフで分析する —— ひとコブラクダvs三つコブラクダ

「シミュレーションシステム」を使って男女別5歳刻み人口を入力すると、自動的に図1-2のような年齢構成を示すグラフが作成されます。

人口全体の年齢バランスをみると、50代後半以降の中高年層に偏った年齢構成となっていることがわかります。逆に、次世代を担う子どもや若いお父さん・お母さん世代は、かなり薄くなっています。

このように中高年を中心に、年齢構成のピーク（山）がひとつしかない「ひとコブラクダ」型では、人口の健全な維持は、難しくなります。

次節以降で解説しますが、現状のまま人口動態が推移すると、20年後の2035年にはますます中高年のピークは鋭くなり、70代後半が最も多くなります（図1-3）。当然ながら人口減少は加速することになり、地域人口の安定からは遠ざかります。

逆に、これも後で解説するように、3世代にわたる定住増加を中心に、出生率の向上や高校卒業後の流出率の改善などに取り組み始めると、20年後の2035年には、図1-4のように、子ども世代・その親世代・祖父母世代に三つの山ができて、年齢バランスのとれた「三つコブラクダ」型に移行していきます。

こうした3世代にわたって人口バランスを回復することが、持続可能な地域人口につながっていくのです。

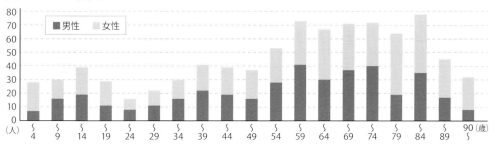

図1-2 男女年齢別人口のグラフ（2015年現在、岡山県新庄村）

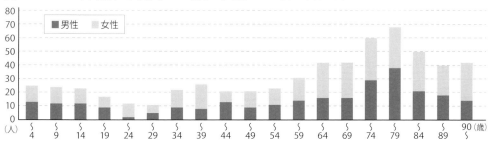

図1-3 2035年、現状のまま推移した場合の予測グラフ（岡山県新庄村）

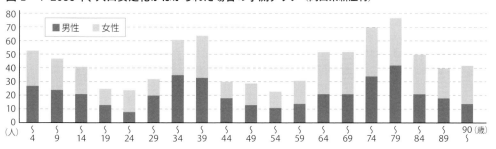

図1-4 2035年、人口安定化がはかられた場合の予測グラフ（岡山県新庄村）

3 年齢階層別の変化率を出すコーホート変化率
——人口予測の土台となる男女別5歳刻み年齢階層の変化率

「コーホート変化率法」では、現状における男女の各年齢階層（通常5歳刻み）の過去5年間における変化率を算出し、その変化率が将来も続くと仮定して人口予測を行います。この人口予測の土台となる重要な「コーホート変化率」の計算の仕方をしっかり理解してください。

コーホート変化率の計算方法 —— 5歳以上人口

各年齢階層別の「コーホート変化率」は、0～4歳の場合を例外として、図1-5のように算出します。

まず、5歳から89歳までについて、現在の該当年齢集団（たとえば男性20～24歳）のコーホート変化率は、現在（ここでは2015年）の該当年齢人口（男性20～24歳）と5年前の5歳若い年齢人口（男性15～19歳）の比率を出すことで求められます。また、一番上の年齢集団（たとえば女性90歳以上）では、現在の該当年齢人口（女性90歳以上）と5年前の5歳若い年齢人口（女性85～89歳）の比率となります。

同じ5年間に生まれた年齢集団についてちょうど5年前の人口と比べることで、その年齢集団に5年間で生じた社会増減（転入・転出）と自然減（死亡）の比率を総合的に合算することになります。つまり、「コーホート変化率」は、以下のような人口動態を集約したものになるのです。

● 「コーホート変化率」＝ 転入率 － 転出率 － 死亡率

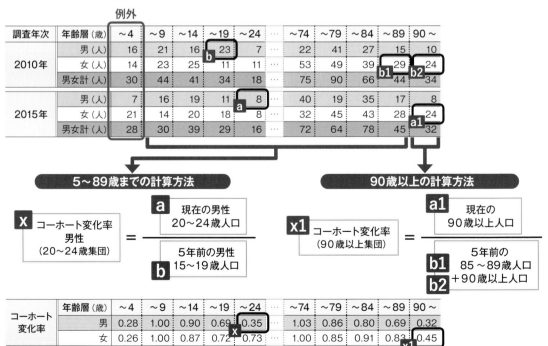

図1-5 コーホート変化率の計算方法 —— 岡山県新庄村を例に

コーホート変化率の計算方法 —— 0〜4歳人口

　それでは、5歳若い年齢集団が存在しない0〜4歳人口の変化率は、どのように計算するのでしょうか。しかも小さな地域では、「合計特殊出生率」（1人の女性が生涯平均して出産する子ども数の平均値）なども統計的に集約されていない場合が多いため、「コーホート変化率法」では、0〜4歳人口の変化率を、「女性・子ども比」と呼ばれる数値から算出します。「女性・子ども比」は、基準年（現在）において居住している出産年齢にほぼ対応する20〜39歳女性人口と0〜4歳人口の比率のことです。この比率は、この5年間における出生だけでなく、転入・転出・死亡といった他の増減要因も含めて決まることに注意が必要です。つまり、生まれてから移動や死亡の影響も含めたうえで実際にその地域に居住している人口で計算した数値となります。

　なお、男女の出生比率には差があり、平均して男の赤ちゃんのほうが5％程度多く生まれます。小規模な地域では、男女の生まれる人数がアンバランスになることが多いので、いったん現在の0〜4歳の男女人口を合算してから「女性・子ども比」を乗じ、男性がプラス5％になるように補正します。

　また、この「女性・子ども比」から「合計特殊出生率」を推計することもできます。上記の「女性・子ども比」は、出産年齢にほぼ対応する20〜39歳女性が5年間に出産する平均的な子ども数を反映していますので、これを4倍し、ほぼ出産年齢期間全体に当たる20年間の合計値にすると、その地域における「合計特殊出生率」が推計できます。この場合も、転入・転出・移動といった影響を織り込んだ実居住人口に対応した数値となります。

● 「0〜4歳のコーホート変化率」
　＝ 出生率 ＋ 転入率 － 転出率 － 死亡率

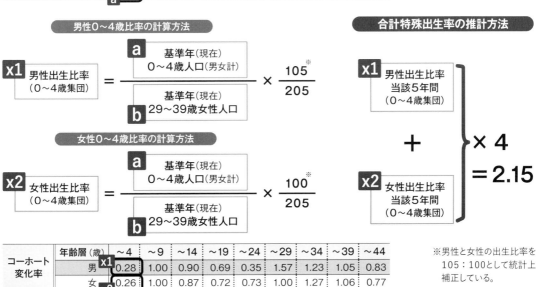

図1-6 0〜4歳人口と合計特殊出生率の計算方法 —— 岡山県新庄村を例に

4 コーホート変化率を集約し、人口予測へ
―― 地域人口の現状と未来を映し出すコーホート変化率のグラフ

コーホート変化率は、現在の各年齢階層における総合的な人口動態をわかりやすく表すだけでなく、その傾向が今後も続けばどうなるかという、人口予測にもつながります。つまり、そのグラフは、地域人口の現状と未来を映し出す大切な診断材料になります。

コーホート変化率が今後も続くものとして、将来人口を予測する

「コーホート変化率法」では、各年齢階層のコーホート変化率が今後も続くものとして、今後の各年齢階層の人口を予測していきます。

岡山県新庄村の例では、2015年から5年後の、2020年における20～24歳男性人口（4人）は、該当するコーホート変化率（0.35）を、2015年における15～19歳男性人口（11人）に乗じることで算出でき

ます。その後も同じように繰り返していけば、各年次の各年齢階層の人口が予測できます。

一方、2020年における男女の0～4歳人口は、前述のように2020年における出産期（20～39歳）の女性人口を予測したうえで、それに2015年時点で計算された「女性・子ども比」をかけて算出します。こちらも、その後は同じ手順の繰り返しとなります。

図1-7 コーホート変化率による将来人口の計算方法 ――岡山県新庄村を例に

調査年次	年齢層（歳）	～4	～9	～14	～19	～24	～29	～34	～39	～44
	男（人）	7	16	19	11 (b1)	8	11	16	22	19
2015年	女（人）	21	14	20	18	8	11	14	19	20
	男女計（人）	28	30	39	29	16	22	30	41	39
	年齢層（歳）	～4	～9	～14	～19	～24	～29	～34	～39	～44
コーホート変化率	男	(a2) 0.28	1.00	0.90	0.60	(a1) 0.35	1.57	1.23	1.05	0.83
	女	(a3) 0.26	1.00	0.87	0.72	0.73	1.00	1.27	1.06	0.77
予測人口 2020年	男	(x2) 14	7	14	13	(x1) 4	13	14	17	18
	女	(x3) 13	21	12	14	(b2) 13	8	14	15	15

2020年の20～24歳 男性の予測方法

$$\boxed{\text{x1}}\ \begin{array}{c}\text{2020年・男性}\\ \text{20～24歳 予測人口}\end{array} = \boxed{\text{b1}}\ \begin{array}{c}\text{2015年・男性}\\ \text{15～19歳人口}\end{array} \times \boxed{\text{a1}}\ \begin{array}{c}\text{コーホート変化率}\\ \text{15～19歳 ➡ 20～24歳}\end{array}$$

2020年の0～4歳 男性・女性の予測方法

$$\boxed{\text{x2}}\ \begin{array}{c}\text{2020年・男性}\\ \text{0～4歳 予測人口}\end{array} = \boxed{\text{b2}}\ \begin{array}{c}\text{2020年・女性}\\ \text{20～39歳人口}\end{array} \times \boxed{\text{a2}}\ \begin{array}{c}\text{男性出生比率}\\ \text{0～4歳}\end{array}$$

$$\boxed{\text{x3}}\ \begin{array}{c}\text{2020年・女性}\\ \text{0～4歳 予測人口}\end{array} = \boxed{\text{b2}}\ \begin{array}{c}\text{2020年・女性}\\ \text{20～39歳人口}\end{array} \times \boxed{\text{a3}}\ \begin{array}{c}\text{女性出生比率}\\ \text{0～4歳}\end{array}$$

現状と未来を映し出すコーホート変化率の全年齢階層グラフ

　コーホート変化率の全年齢階層グラフを描くと、地域人口の現状と未来を映し出す貴重な分析手段となります。図１－８に示した岡山県新庄村の事例をみると、以下のように、2010～2015年の５年間に生じた年齢階層ごとの変化の特色を読み取ることができ、そこから今後の人口推移を推測するヒントが得られます。

　A（若年層の転出超過）：10代前半から20代前半にかけて大きな転出超過がみられます。これは高校や大学が地元にない自治体によくみられる現象です。

　B（30歳前後のＵ・Ｉターン）：20代後半から30代後半にかけて、転入超過が起きています。その結果、０～９歳の子ども人口はほぼ維持されています。

　C（60歳前後の定年ターン）：60歳前後の年齢階層においても転入超過となっています。定年を機に、Ｕ・Ｉターンした人がいるわけです。

　D（高齢者の自然減）：70代後半以降では、だんだんと減少率が大きくなります。これは、転出超過というよりも、高い年齢層ほど死亡する割合が高まっていくことを意味します。

　こうしてグラフにしてみると、全体としての傾向が浮かび上がり、地域ごとの特色が明確になります。

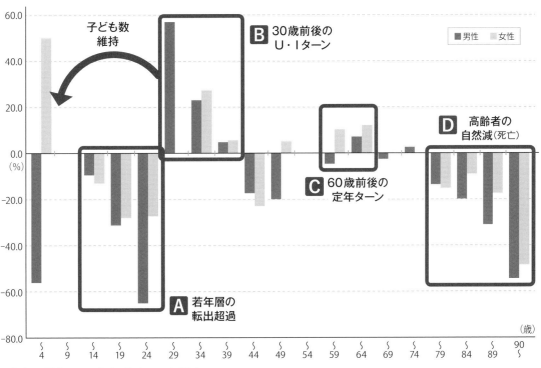

図１－８　コーホート変化率の全年齢階層グラフ（岡山県新庄村、2010～2015年）

※転出入が均衡している場合、棒グラフは出現しない。

ここがポイント！

「コーホート変化率法」の予測は、５年間に実際に起きた人口変化のペースが今後とも続けばということを意味しますので、地域住民にとって直感的にわかりやすいですね。

5 人口予測をしてみる

直近5年間の人口分析から得られたコーホート変化率を使い、人口予測をしてみましょう。まずは、現状の社会増減、自然増減がそのまま推移するシナリオから入り、出生率向上、転出率抑制、定住増加、その三つの組み合わせの順に予測してみます。

現状推移シナリオ ── このまま何もしないでいると……

まず、現状推移シナリオによる人口および小中学生数の予測をしてみます。前節のグラフに集約された各年齢階層のコーホート変化率が今後とも継続されるとすれば、モデルとした岡山県新庄村では、今後の65歳以上の高齢化率の上昇は緩やかで、長期的には低下も見込めるものの、人口減少は続き、35年後の2050年には2015年の半分以下となり、その後も下げ止まりが見えません。これは、10代から20代前半にかけての転出超過をその後の30歳前後ならびに60歳前後の転入超過で十分に取り戻しておらず、高齢化にともなう自然減（死亡）も増大するためです。

一方、小中学生については、30歳前後の転入超過によって、25年後の2040年あたりまで安定が展望されますが、その後2015年の半分程度へと減少していきます。これは、2010年からの5年間で0～4歳児において女の子が増加したため、この世代が母親となる2035年から2045年にかけて小中学生の数を支えることになるからです。

人口全体と小中学生数について、長期的な安定は達成されません。そのため、人口安定化につながる出生率・転出率・定住について、現状よりも何らかの改善が必要な状況です。

出生率向上シナリオ ── まずは出生率を3.00にしてみる

次に、合計特殊出生率（以下、出生率とする）のみを現状の2.15から3.00に向上させたシナリオで、人口および小中学生数の予測をしてみます。他の要素、転出率や定住数については、現行どおりとしています。

今後の高齢化率の上昇はいっそう緩やかになり、2030年の48.5％をピークとして低下していきます。一方で、人口減少は続き、現在の半分以下となる時期も、5年延びて2055年になったに過ぎません。そして、その後も下げ止まりが見えません。新庄村のように全体として高齢化が進んだ地域においては、出生率のみを上昇させても、すぐに人口安定化は実現

できないのです。

一方、小中学生については、出生率が向上した効果は大きく、現在よりも2～3割低下した水準ながら長期的な安定が達成されています。

ただ、実際には、合計特殊出生率を3.00まで上昇させることは至難であり、目標としてはかなり現実離れしています。現行の2.15という数字も、自治体としては十分高い数字ですから、これ以上の出生率向上を目指すのではなく、転出率や定住といった他の人口安定化につながる要素に力点をおくべきだと考えます。

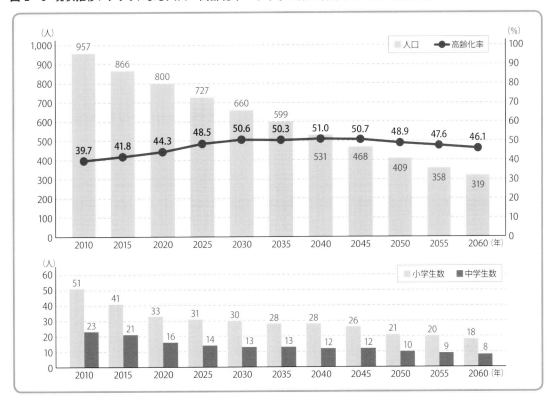

図1-9 現状推移シナリオによる人口・高齢化率・小中学生数の将来予測（岡山県新庄村）

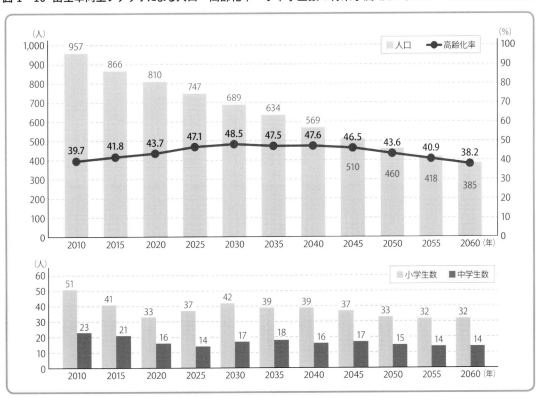

図1-10 出生率向上シナリオによる人口・高齢化率・小中学生数の将来予測（出生率2.15→3.00、岡山県新庄村）

転出率を抑制してみる ── 高校卒業後の転出防止と大学卒業後の還流促進

　若年層、特に高校卒業後、10代後半から20代前半にかけての域外転出は、多くの過疎自治体にとって積年の課題です。この域外への転出超過を抑制してみると、どうなるのでしょうか。

　現在、新庄村では、10代後半から20代前半にかけて、男性は65％、女性は27％の転出超過となっています。これは、高校を卒業して大学進学や就職をした後、20代前半になっても村内に戻ってきていない、そして出身者以外のIターンの流入もその流出超過を補うには至っていないことを意味します。

　では、高校卒業後の村内就職や20代前半でのU・Iターンが増えて、10代後半から20代前半にかけて転出超過が０％となった場合のシナリオを描いてみましょう。

　まず高齢化率は、2030年の46.4％をピークに低下し始めます。しかし、やはり人口全体の減少には歯止めがかかりません。

　一方、小中学生のほうは、かなり減少が緩和され、現在よりも３割程度縮小したレベルでほぼ安定していきます。

　ただ実際には、通学できる大学などが近くにない限り、この世代の転出超過をゼロにすることは至難の技です。

図1-11　転出率抑制シナリオによる人口・高齢化率・小中学生数の将来予測（岡山県新庄村）

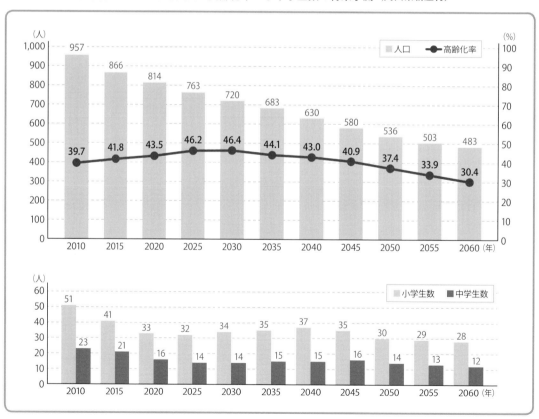

定住増加シナリオ —— 20代前半・30代前半・60代前半を呼び込む

　ここまで、出生率の向上や転出率の抑制だけでは、地域人口の長期安定が達成できないことが明らかになりました。具体的な計算結果は新庄村を例に示していますが、ほとんどの過疎指定市町村において、出生率の向上や転出率の抑制だけでは人口の長期安定は実現しません。

　そこで次に定住増加シナリオを検討します。このシナリオは、20代前半（男女）・30代前半（夫婦＋4歳以下の子ども）・60代前半（夫婦）の定住を同じ世帯数増やす方式です。この場合の定住増加とは、該当の年代で転出入している現状に対して実質的に定住者を増やすという意味です。ですから、転出が生じていればそれを減らすことも同じ効果となります。

　たとえば各世代1組ずつ増やした場合、合計3世帯7人の増加となります。この三つの世代をターゲットとしたのは、それぞれ、就職時期としての20代前半、結婚・出産・子育て時期としての30代前半、定年時期としての60代前半という比較的社会移動しやすい年代だからです。また、同じ組数に設定しているのは、過去半世紀以上にわたる人口流出で失われた部分をバランスよく補う必要があり、特定の世代だけを集中的に転入させると将来的にいびつな年齢構成を招くからです。

　ここでは1年につき20代前半・30代前半・60代前半について各1.2世帯ずつ定住増加を進めるシナリオとします。この場合、毎年の定住増加は合計3.6

図1-12 定住増加シナリオによる人口・高齢化率・小中学生数の将来予測
　　　（20代前半・30代前半・60代前半で各1.2組増加、岡山県新庄村）

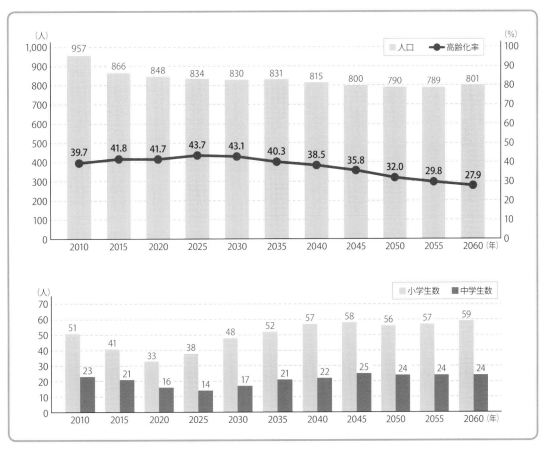

世帯、8.4人となります。これは、ちょうど新庄村の人口866人の1％分に当たります。出生率と転出率は現行のままです。

このように人口の1％分、すなわち住民100人につき1人分の定住を増加させると、新庄村では人口800人台をキープして安定し、高齢化率も低下していきます。

そして、小中学生の数は、むしろ5割近く増加したうえで安定します。

やはり、世代バランスのよい定住増加が地域人口安定の決め手であることがわかります。

総合的な人口安定化シナリオをつくってみる

では最後に、定住増加を中心に出生率向上・転出率抑制も組み合わせた総合的な人口安定化シナリオをつくってみます。岡山県新庄村の例で紹介すると、具体的な各要素の目標設定は、以下（①〜③）のとおりです。

出生率向上ならびに転出率抑制と組み合わせると、より少ない定住増加組数（各世代1.2組から1.0組に設定）で長期的な人口安定・高齢化率低下が達成可能となります（図1−13）。

小中学生については、5割程度増加した水準で安定していきます。

このように、三つの人口安定要素をうまく組み合

図1−13 総合的人口安定シナリオによる人口・高齢化率・小中学生数の将来予測
（定住増加・出生率向上・転出率抑制を組み合わせたもの、岡山県新庄村）

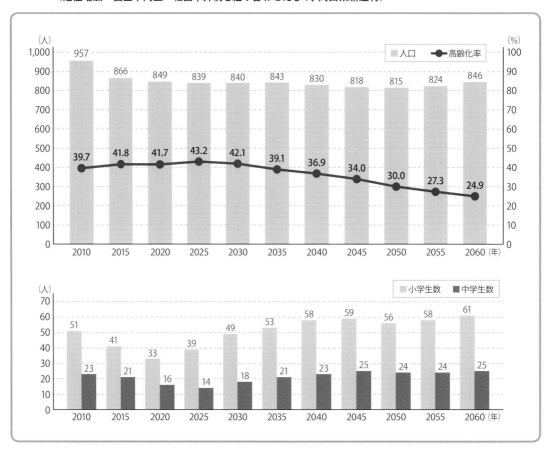

わせることで、単独では困難な人口の安定化が達成できるとともに、そのために必要な目標水準も手の届きやすいものにしていくことが可能となります。

> ① 定住増加目標：1年当たり、20代前半（男女）・30代前半（夫婦＋4歳以下の子ども）・60代前半（夫婦）の定住を各1組増加＝合計3世帯・7人＝人口の0.8％分
> ② 出生率向上目標：現行2.15を2.30まで上昇
> ③ 転出率抑制目標：10代後半から20代前半にかけての転出（超過）率を現行の男性65％・女性27％をともに20％に抑制

総合的な人口安定化シナリオを変えてみる —— 定住増加が半減したら？

実際には、組み合わせる各要素の数値をいろいろ変えてみて、本当に自分たちの地域で実現可能と考えられる人口安定化シナリオを工夫すべきです。持続地域総研が新しく開発した「シミュレーションシステム」では、自由に定住増加組数・出生率・転出率の数値を変更でき、その結果を瞬時に人口・高齢化率・小中学生の人口予測グラフで確かめることができます。

たとえば、目標設定を、以下のように定住増加組数を半減させたものに変えてみます。

1年当たりの定住増加組数を半減させた場合において、高齢化率は長期的にみて低下していきます。人口は、200人程度下回る600人強でほぼ安定していきます。そして、小中学生数については、ほぼ現在の水準で安定していくことがわかります（図1−14）。

この定住増加組数を半減した総合的な人口シナリオは、おそらく最低限達成すべき地域人口ビジョンの一例を示していると思われます。これ以外にも、年代ごとの定住増加組数を変えたり、出生率向上や転出率抑制の目標数値を細かに調整したり、さまざまなアプローチがあり得ます。

> ① 定住増加目標：1年当たり、20代前半（男女）・30代前半（夫婦＋4歳以下の子ども）・60代前半（夫婦）の定住を各0.5組増加＝合計1.5世帯・3.5人＝人口の0.8％分
> ② 出生率向上目標：現行2.15を2.30まで上昇
> ③ 転出率抑制目標：10代後半から20代前半にかけての転出率を現行の男性65％・女性27％をともに20％に抑制

図 1-14 総合的人口安定シナリオによる人口・高齢化率・小中学生数の将来予測
（定住増加組数を半減させ、出生率向上・転出率抑制を組み合わせたもの、岡山県新庄村）

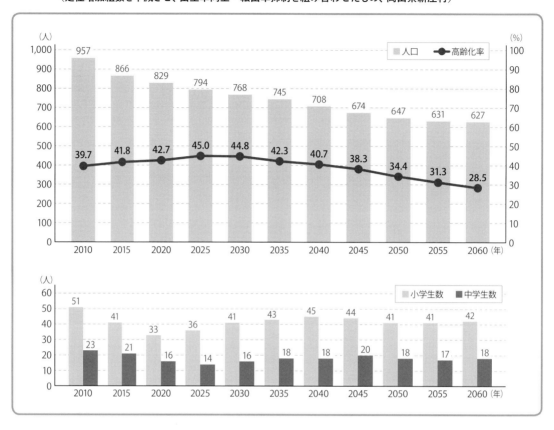

ここがポイント！

人口安定化の3要素、定住増加・出生率向上・転出率抑制のうち、どれがどれだけの効き目があるかは、地域によってまったく異なります。自分たちの地域の現状をふまえて、さまざまな組み合わせをどんどん試してみましょう。

第**2**章

2010年代前半における
全市町村の人口分析

全国を統合した地図とランキング表による分析では、離島や山間部といった縁辺性の高い地域で次世代の定住が増えている状況が明らかになりました。

この章および次章では、全国一律ではわかりにくい具体的な市町村人口の現状を、ほぼ等しい空間的広がりで五つに分けたブロックごとに紹介します。もとにしたデータは、2010年および2015年国勢調査です。

田園回帰などの状況をよく反映し、今後の人口動向に大きな影響を与える、①30代女性人口増減率、②合計特殊出生率、③社会増減率について、各ブロックの地図とランキング表により、一つひとつの市町村の位置づけがわかる分析を行っています。ブロックや地方ごとに異なる状況にご注目ください。

1 30代女性の人口増減率
―― 全国的に目立つ縁辺地域への転入増加

次世代の人口安定に重要な意味をもつ30代女性の人口増減率について、全国を五つの地方ブロックに分けてみていきます。序章でも説明したように、30代女性の人口増減率は、2015年時点における30代女性（30～39歳）と2010年時点における25～34歳の人口を比べて算出したものです。転入が転出を上回ればプラスとなり、逆であればマイナスとなります。

（1）北海道

北海道における市町村別30代女性人口増減率は、特定の地理的な傾向がうかがえないという興味深い結果となっています。たとえば、中心地である札幌に近いほど、30代女性が増えている自治体が多いというような明確な傾向はありません。縁辺性の高い地域においても、しっかりこの世代の人口を取り戻している市町村は一定程度存在しています。30代女性人口が維持・増加している市町村の割合は、44.7％となっており、北海道全体としては減少している市町村のほうが多いことがわかります。

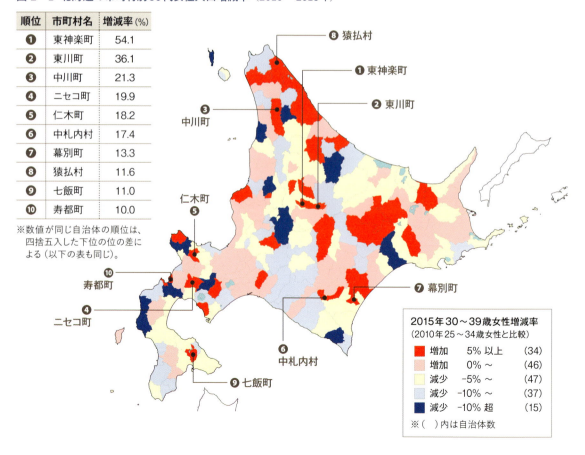

図2-1 北海道の市町村別30代女性人口増減率（2010～2015年）

順位	市町村名	増減率(%)
❶	東神楽町	54.1
❷	東川町	36.1
❸	中川町	21.3
❹	ニセコ町	19.9
❺	仁木町	18.2
❻	中札内村	17.4
❼	幕別町	13.3
❽	猿払村	11.6
❾	七飯町	11.0
❿	寿都町	10.0

※数値が同じ自治体の順位は、四捨五入した下位の位の差による（以下の表も同じ）。

2015年30～39歳女性増減率（2010年25～34歳女性と比較）
- 増加　5％以上　（34）
- 増加　0％～　（46）
- 減少　-5％～　（47）
- 減少　-10％～　（37）
- 減少　-10％超　（15）

※（　）内は自治体数

（2）東北地方

　東北地方における市町村別30代女性の人口増減率には、ブロック全体を特徴づけるような顕著な地理的な傾向はうかがえません。そのなかで県としては、岩手県に比較的30代女性の人口を取り戻している市町村が目立っています。また、上位3～7位は、仙台市周辺の自治体で占められていることも注目されます。30代女性人口が維持・増加している市町村の割合は、40.9％にとどまり、東北地方全体としては減少している市町村の割合が他ブロックに比べて高くなっています。

図2-2　東北地方の市町村別30代女性人口増減率（2010～2015年）

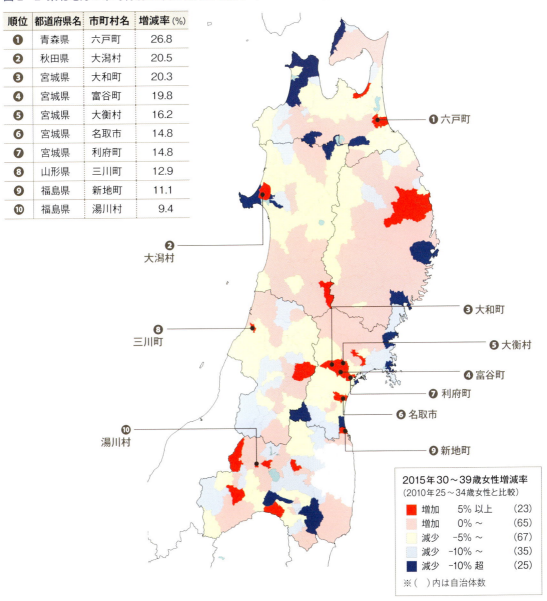

順位	都道府県名	市町村名	増減率(%)
❶	青森県	六戸町	26.8
❷	秋田県	大潟村	20.5
❸	宮城県	大和町	20.3
❹	宮城県	富谷町	19.8
❺	宮城県	大衡村	16.2
❻	宮城県	名取市	14.8
❼	宮城県	利府町	14.8
❽	山形県	三川町	12.9
❾	福島県	新地町	11.1
❿	福島県	湯川村	9.4

※福島第一原子力発電所事故により、2011年4月22日時点で警戒区域・計画的避難区域・緊急時避難準備区域が一部でも含まれている福島県内の12市町村は集計や分析には入れていない。

(3) 関東・中部地方

　関東・中部地方においても、市町村別30代女性人口の増減率について、ブロック全体を特徴づけるような顕著な地理的な傾向はうかがえません。細かくみていくと、首都圏における都心回帰や離島の健闘などが目立ち、北陸地方には大きく30代女性人口が減っている自治体が少ないといったことが注目されます。30代女性を維持・増加させている市町村の割合は、39.9%にとどまり、今回の5ブロックのなかでは一番低いという結果となっています。

図2-3 関東・中部地方の市町村別30代女性人口増減率（2010～2015年）

順位	都道府県名	市区町村名	増減率(%)
❶	東京都	利島村	38.9
❷	長野県	北相木村	37.5
❸	山梨県	小菅村	34.8
❹	東京都	千代田区	34.4
❺	東京都	港区	30.1
❻	東京都	台東区	26.2
❼	長野県	生坂村	25.8
❽	新潟県	粟島浦村	25.0
❽	長野県	売木村	25.0
❿	愛知県	阿久比町	24.9

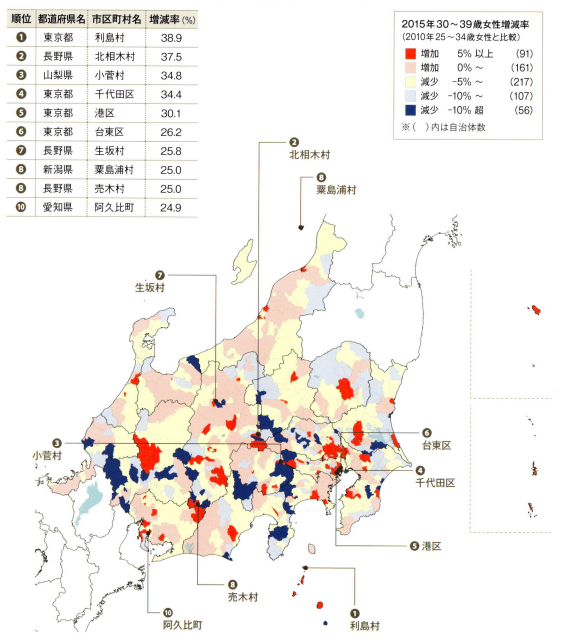

（4）近畿・中国・四国地方

　近畿・中国・四国地方の市町村別30代女性の人口増減率をみると、奥深い山間部や離島において、高い割合で人口を取り戻していることがまず注目されます。特に、「過疎」という言葉が生まれた中国山地沿いの市町村では、県境付近の縁辺性が高い自治体が軒並み高い増加率を達成しているのです。逆に、奈良県中南部では、大きく30代女性人口を減らしている自治体が目立ちます。30代女性人口を維持・増加させている市町村の割合は44.8％で、今回の5ブロックのなかでは2番目に高くなっています。

図2−4　近畿・中国・四国地方の市町村別30代女性人口増減率（2010〜2015年）

順位	都道府県名	市町村名	増減率(%)
❶	和歌山県	北山村	83.3
❷	島根県	海士町	47.4
❸	島根県	知夫村	31.3
❹	高知県	三原村	24.4
❺	和歌山県	日高町	22.1
❻	大阪府	島本町	16.9
❼	京都府	京田辺市	16.7
❽	三重県	朝日町	15.8
❾	島根県	美郷町	14.5
❿	岡山県	西粟倉村	14.3

2015年30〜39歳女性増減率
（2010年25〜34歳女性と比較）

■	増加　　5% 以上	（63）
■	増加　　0% 〜	（129）
■	減少　−5% 〜	（138）
■	減少　−10% 〜	（56）
■	減少　−10% 超	（43）

※（　）内は自治体数

（5）九州・沖縄

　九州・沖縄の市町村別30代女性の人口増減率については、まず、沖縄・鹿児島の離島において、大幅な増加を達成している市町村が多いことが注目されます。また、宮崎県の九州山地の奥深くに位置する小規模な自治体の健闘も目立ちます。30代女性人口を維持・増加している市町村の割合は53.3％あり、今回の5ブロックのなかでは唯一過半数を超えています。そして、大きく減らしている−10％未満の自治体も全体の4.7％（13市町村）とかなり少なく、全国的にみても30代女性人口の維持・増加の動きが顕著なブロックであることがわかります

図2−5　九州・沖縄の市町村別30代女性人口増減率（2010〜2015年）

順位	都道府県名	市町村名	増減率(%)
❶	鹿児島県	十島村	129.4
❷	鹿児島県	三島村	78.6
❸	沖縄県	北大東村	47.6
❹	福岡県	新宮町	46.0
❺	沖縄県	伊是名村	30.0
❻	鹿児島県	大和村	26.8
❼	宮崎県	諸塚村	26.3
❽	沖縄県	渡名喜村	25.0
❾	長崎県	小値賀町	22.9
❿	福岡県	福津市	21.6

2015年30〜39歳女性増減率
（2010年25〜34歳女性と比較）

- 増加　5％以上　（63）
- 増加　0％〜　（83）
- 減少　−5％〜　（80）
- 減少　−10％〜　（35）
- 減少　−10％超　（13）

※（ ）内は自治体数

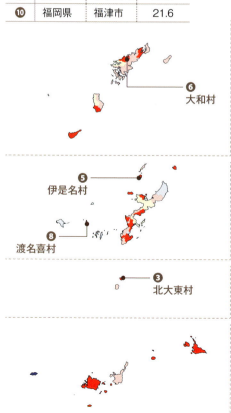
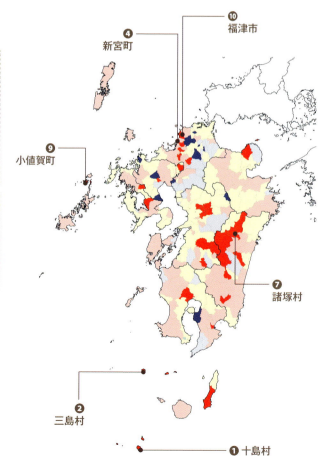

2 合計特殊出生率
——社会移動後の居住人口から女性・子ども比を算出

近年の少子化の進行で注目されている合計特殊出生率の市町村別状況を各ブロックでみていきます。この「合計特殊出生率」は、第1章で説明したように、その時点で居住している子どもと女性の割合（女性・子ども比）から算出したものです。

（1）北海道

北海道では、札幌をはじめとする都市部から比較的離れた小規模な町村に合計特殊出生率の高いところが目立ちます。一方、都市部ではかなり低く、札幌市では1.17、小樽市1.24、函館市1.28、旭川市1.35となっています。北海道全体の合計特殊出生率は1.34です。1.5以上の市町村は62.0％もあるのですが、人口規模も若年層の女性人口も大きい都市部の値が低いため、北海道全体の合計特殊出生率を押し下げているのです。

図2-6 北海道の市町村別合計特殊出生率（2015年）

順位	市町村名	出生率
❶	中川町	2.37
❷	ニセコ町	2.18
❸	積丹町	2.15
❹	浦幌町	2.15
❺	清里町	2.12
❻	遠別町	2.08
❼	厚沢部町	2.05
❽	秩父別町	2.03
❾	共和町	2.02
❿	羽幌町	2.00

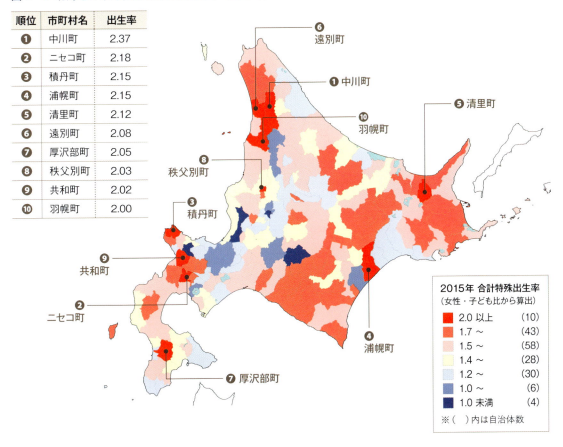

（2）東北地方

　東北地方における市町村別合計特殊出生率は、青森県西部、秋田県、宮城県南部に低い自治体が目立ちます。また、人口規模の大きい県庁所在地も、仙台市1.26、秋田市1.32、盛岡市・青森市1.34とかなり低くなっており、ここでも中心的な都市部が県やブロック全体の合計特殊出生率を押し下げている構造があります。合計特殊出生率1.5以上の市町村の割合は54.9％にとどまり、1.7以上となると18.6％しかありません。

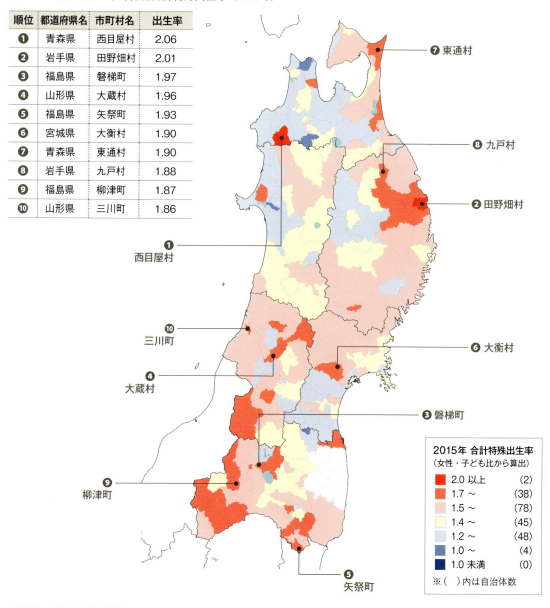

図2-7　東北地方の市町村別合計特殊出生率（2015年）

順位	都道府県名	市町村名	出生率
❶	青森県	西目屋村	2.06
❷	岩手県	田野畑村	2.01
❸	福島県	磐梯町	1.97
❹	山形県	大蔵村	1.96
❺	福島県	矢祭町	1.93
❻	宮城県	大衡村	1.90
❼	青森県	東通村	1.90
❽	岩手県	九戸村	1.88
❾	福島県	柳津町	1.87
❿	山形県	三川町	1.86

※福島第一原子力発電所事故により、2011年4月22日時点で警戒区域・計画的避難区域・緊急時避難準備区域が一部でも含まれている福島県内の12市町村は集計や分析には入れていない。

(3) 関東・中部地方

関東・中部地方においては、関東地方の合計特殊出生率の低さが際立っています。特に、都心部の低さが目立ち、豊島区0.75、新宿区0.77、中野区0.82をはじめ、合計6特別区が1.0を下回っています。一方、合計特殊出生率が高い自治体は、山間部や離島に目立ちます。合計特殊出生率1.5以上の市町村の割合は5ブロック中最も低い51.3％にとどまり、1.7以上となるとこれまた最低の16.2％しかありません。

図2-8 関東・中部地方の市町村別合計特殊出生率（2015年）

順位	都道府県名	市町村名	出生率
❶	長野県	平谷村	3.38
❷	東京都	神津島村	2.94
❸	長野県	大鹿村	2.34
❹	福井県	おおい町	2.33
❺	岐阜県	白川村	2.29
❻	山梨県	忍野村	2.23
❼	東京都	八丈町	2.21
❽	岐阜県	東白川村	2.20
❾	愛知県	阿久比町	2.15
❿	石川県	川北町	2.13

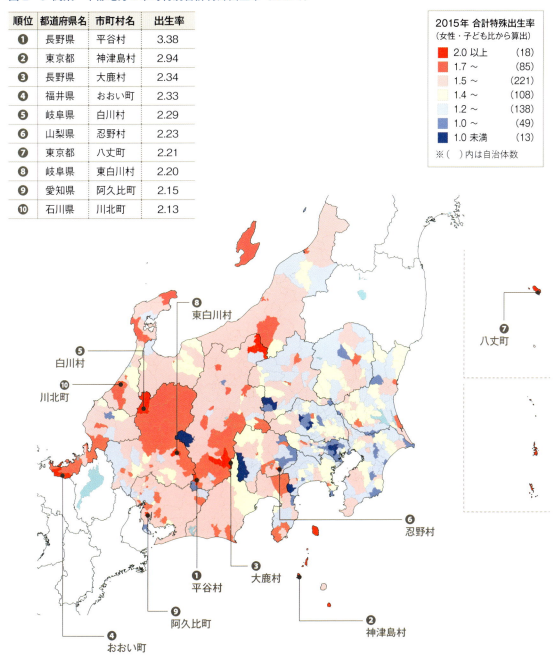

（4）近畿・中国・四国地方

近畿・中国・四国地方については、上記3ブロックと比べて、全般的に合計特殊出生率が高い自治体が目立ちます。特に、紀伊半島南部、京都府および兵庫県の北部、島根県に出生率が高い市町村が多く、山間部・離島の小規模町村での高さが注目されます。逆に、奈良県、大阪市、京都市は、このブロックでは特に合計特殊出生率が低くなっています。

合計特殊出生率1.5以上の市町村の割合は63.4％にも上り、1.7以上も25.6％と4分の1を超えています。

図2-9 近畿・中国・四国地方の市町村別合計特殊出生率（2015年）

順位	都道府県名	市町村名	出生率
❶	和歌山県	北山村	2.37
❷	島根県	西ノ島町	2.24
❸	高知県	馬路村	2.21
❹	島根県	海士町	2.16
❺	島根県	隠岐の島町	2.16
❻	岡山県	新庄村	2.15
❼	広島県	安芸太田町	2.14
❽	山口県	和木町	2.12
❾	岡山県	奈義町	2.10
❿	島根県	邑南町	2.09

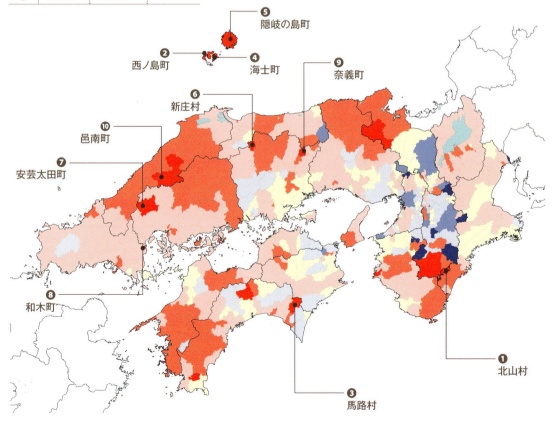

（5）九州・沖縄

　九州・沖縄ブロックの合計特殊出生率の高さは、全国のなかで際立っています。特に、沖縄・鹿児島両県の離島には、高い自治体が目白押しです。また、宮崎・熊本県境の九州山地沿いにも、高い町村が目立ちます。合計特殊出生率1.5以上の市町村の割合は94.9％と圧倒的で、1.7以上も71.5％と、いずれも今回の5ブロックで最高となっています。

図2-10　九州・沖縄の市町村別合計特殊出生率（2010～2015年）

順位	都道府県名	市町村名	出生率
❶	沖縄県	北大東村	3.67
❷	鹿児島県	伊仙町	3.21
❸	沖縄県	南大東村	3.12
❹	宮崎県	椎葉村	3.06
❺	沖縄県	伊是名村	2.91
❻	鹿児島県	天城町	2.67
❼	沖縄県	多良間村	2.61
❽	熊本県	水上村	2.58
❾	鹿児島県	知名町	2.57
❿	鹿児島県	宇検村	2.56

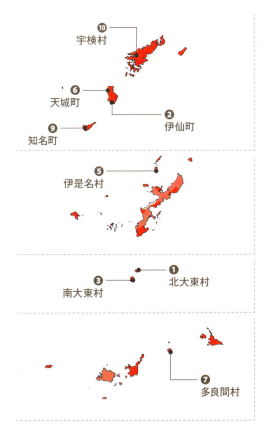

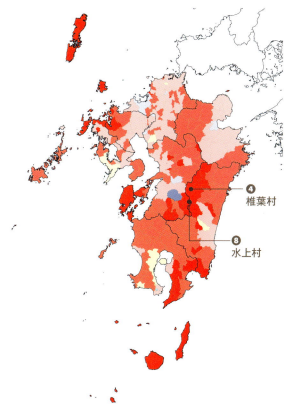

3 社会増減率
——首都圏と西南日本への移動が目立つ

三つ目は、社会増減率をブロック別にみていきます。全国的には、東京圏への一極集中傾向が強まっています。各地方レベルでは、札幌・仙台・名古屋・福岡といった中心都市への集中傾向と山間部・離島といった縁辺部への田園回帰傾向が同居しているところが、2010年代前半の特徴です。

（1）北海道

北海道では、9割近い自治体が社会減となっています。そして4割近い自治体では、5％を超える社会減となっています。数少ない社会増の市町村（10.6％）は、中心地である札幌近辺を除くと、全道に分散しています。そのなかでは、旭川市郊外の東神楽町と東川町の社会増加率が目を引きます。また、札幌以外の市では、帯広・千歳・恵庭・伊達・旭川だけが社会減を免れています。北海道全体では、20代の道外への転出超過が課題で、0.4％の社会減となっています。

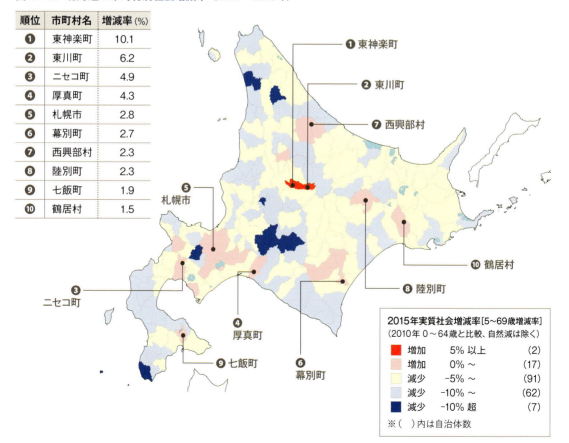

図2-11 北海道の市町村別社会増減率（2010～2015年）

順位	市町村名	増減率(%)
❶	東神楽町	10.1
❷	東川町	6.2
❸	ニセコ町	4.9
❹	厚真町	4.3
❺	札幌市	2.8
❻	幕別町	2.7
❼	西興部村	2.3
❽	陸別町	2.3
❾	七飯町	1.9
❿	鶴居村	1.5

2015年実質社会増減率[5～69歳増減率]
（2010年 0～64歳と比較、自然減は除く）

増加	5% 以上	(2)
増加	0% ～	(17)
減少	-5% ～	(91)
減少	-10% ～	(62)
減少	-10% 超	(7)

※（ ）内は自治体数

（2）東北地方

　東北地方における市町村別社会増減率をみると、まず仙台市周辺に社会増自治体が集中していることがわかります。一方で、秋田県には社会増市町村がひとつもなく、青森・山形両県においても大半が社会減となっており、この3県ではほぼ全県的に人口流出が起きていることがわかります。社会増市町村の割合は、北海道よりは高いものの17.2％にとどまり、東北全体として社会減市町村の割合が他ブロックに比しても高くなっています。

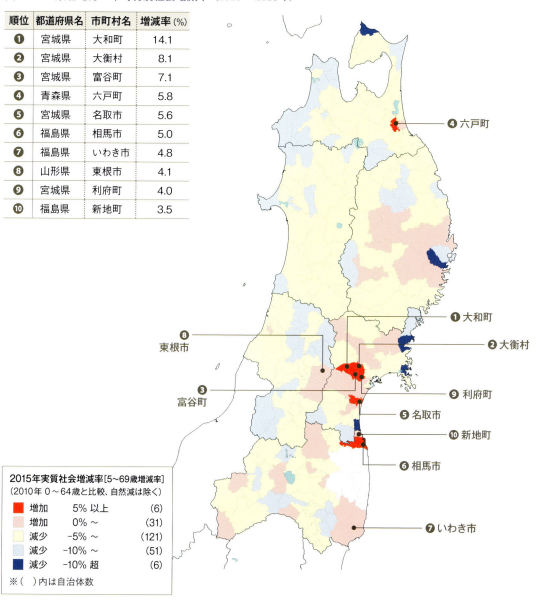

図2-12　東北地方の市町村別社会増減率（2010～2015年）

順位	都道府県名	市町村名	増減率(%)
❶	宮城県	大和町	14.1
❷	宮城県	大衡村	8.1
❸	宮城県	富谷町	7.1
❹	青森県	六戸町	5.8
❺	宮城県	名取市	5.6
❻	福島県	相馬市	5.0
❼	福島県	いわき市	4.8
❽	山形県	東根市	4.1
❾	宮城県	利府町	4.0
❿	福島県	新地町	3.5

※福島第一原子力発電所事故により、2011年4月22日時点で警戒区域・計画的避難区域・緊急時避難準備区域が一部でも含まれている福島県内の12市町村は集計や分析には入れていない。

（3）関東・中部地方

　関東・中部地方における社会増市区町村は、まず東京圏に集中していることが第一の特色となっています。細かくみていくと、都心回帰が進んでいることがわかり、社会増上位自治体にも都心の特別区が並んでいます。また、北陸地方には、大幅な社会減自治体が少ないといったことも注目されます。社会増（維持も含む）自治体の割合は32.4％に上り、今回の5ブロックのなかでは一番高くなっています。

図2-13　関東・中部地方の市町村別社会増減率（2010～2015年）

順位	都道府県名	市区町村名	増減率(%)
❶	東京都	千代田区	27.8
❷	東京都	港区	19.0
❸	東京都	台東区	18.8
❹	新潟県	粟島浦村	17.2
❺	東京都	中央区	15.0
❻	東京都	渋谷区	12.4
❼	茨城県	つくばみらい市	11.4
❽	東京都	江東区	8.9
❾	愛知県	阿久比町	8.4
❿	埼玉県	戸田市	8.4

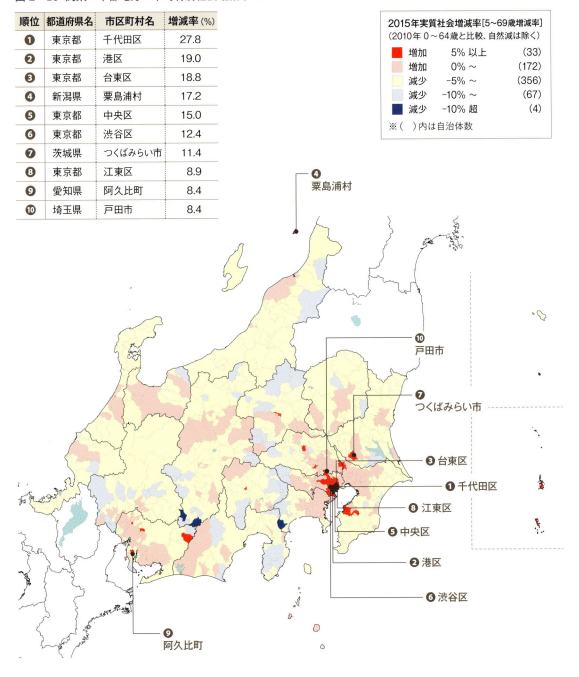

（4）近畿・中国・四国地方

　近畿・中国・四国地方の市町村別社会増減率については、東京圏のような特定の大都市部への一極集中的な傾向はみられません。社会増上位自治体には、離島や山間部の小規模自治体が目立ちます。また、30代女性の人口減少率が大きい奈良県中南部には、大幅な社会減となっている自治体が集中しています。社会増市町村の割合は26.3％となり、今回の5ブロックのなかでは2番目に高くなっています。

図2-14　近畿・中国・四国地方の市町村別社会増減率（2010～2015年）

順位	都道府県名	市町村名	増減率 (%)
❶	島根県	海士町	9.4
❷	島根県	知夫村	8.3
❸	三重県	朝日町	7.7
❹	高知県	大川村	7.1
❺	島根県	西ノ島町	6.5
❻	広島県	大崎上島町	6.2
❼	大阪府	田尻町	5.5
❽	和歌山県	日高町	5.4
❾	和歌山県	北山村	5.3
❿	大阪府	吹田市	5.0

2015年実質社会増減率[5～69歳増減率]
（2010年 0～64歳と比較、自然減は除く）

🟥	増加　　5％以上	（10）
🟧	増加　　0％～	（103）
🟨	減少　　-5％～	（255）
🟦	減少　　-10％～	（50）
🟦	減少　　-10％超	（11）

※（　）内は自治体数

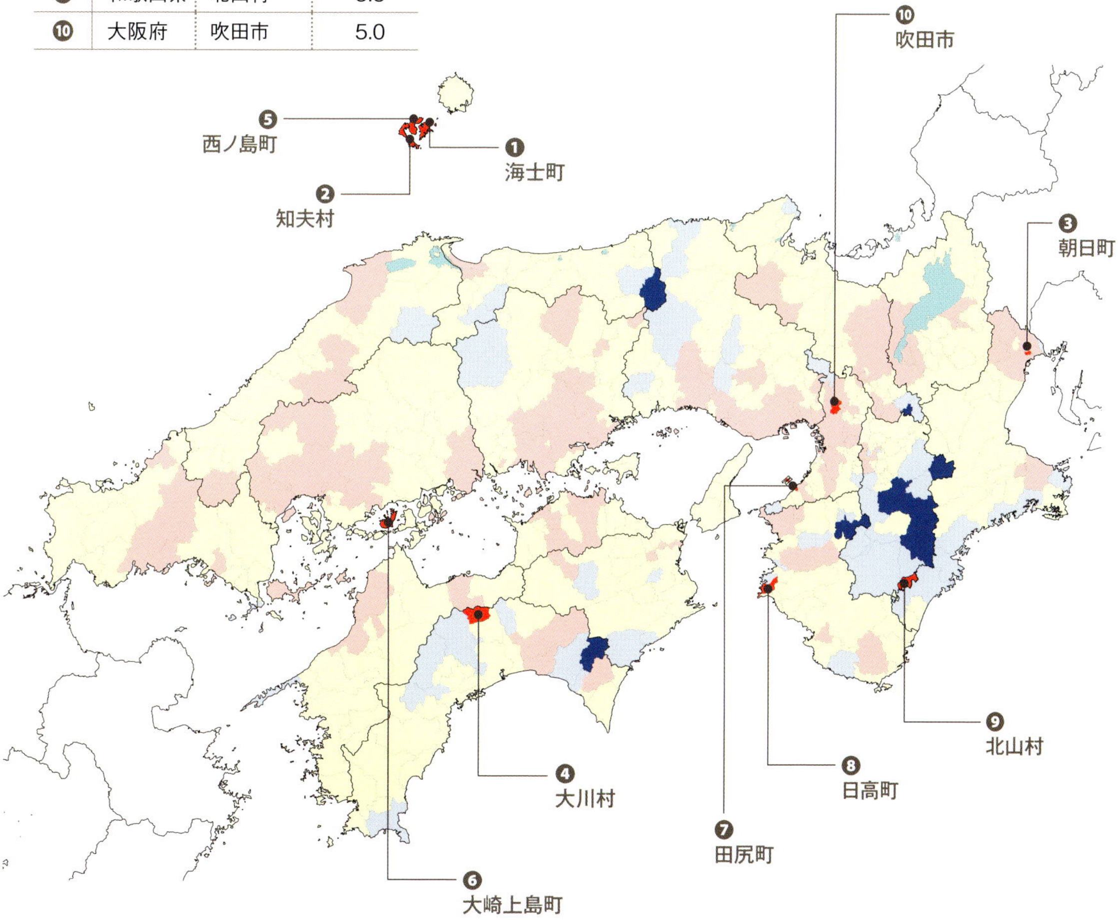

第2章　　　　2010年代前半における全市町村の人口分析　｜　47

（5）九州・沖縄

　九州・沖縄の市町村別社会増減率では、福岡都市圏と沖縄本島に社会増上位の自治体が集中しています。大分・長崎・宮崎の3県においては、社会減の市町村が大半となっており、5％以上の社会増自治体はありません。社会増市町村の割合は24.8％となり、今回の5ブロックのなかで上から3番目となっています。また、−10％超と大きく減らしている自治体は皆無であり、北海道や東北と比して、大幅な社会減に見舞われている市町村はほとんどない状況です。

図2−15　九州・沖縄の市町村別社会増減率（2010～2015年）

順位	都道府県名	市町村名	増減率（％）
❶	鹿児島県	十島村	27.7
❷	福岡県	新宮町	19.6
❸	沖縄県	与那国町	17.2
❹	沖縄県	渡名喜村	11.1
❺	沖縄県	与那原町	9.7
❻	沖縄県	中城村	8.3
❼	福岡県	福津市	8.1
❽	沖縄県	恩納村	6.4
❾	沖縄県	八重瀬町	6.2
❿	熊本県	菊陽町	6.1

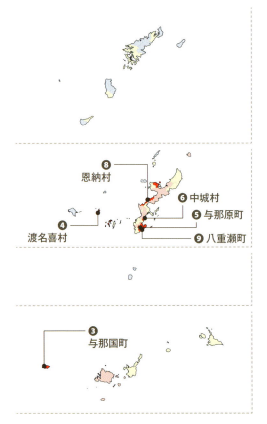

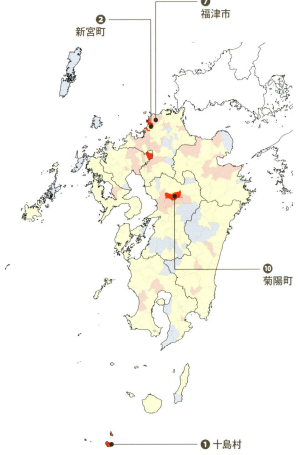

第**3**章

全市町村の人口将来予測

この章では、2010年および2015年国勢調査データに基づいた将来の展望について、全国を五つのブロックに分けて示していきます。

まず、現状推移における将来人口予測について、分析マップとランキング表を紹介します。そして、次に、この人口予測結果を活用し、子ども人口安定化を達成するために必要な定住増加率（人口比）の状況を紹介します。最後に、総人口・子ども人口・高齢化の3条件を同時に安定させるために必要な定住増加率（人口比）の状況を紹介します。

1 現状推移における人口予測
── このまま進むと各市町村の人口は30年後にどうなるか？

2010年から2015年にかけての人口動態がそのまま続くと、30年後の各自治体の人口はどうなるでしょうか。序章では、全体としてかなり厳しい減少予測となっていることを紹介しました。本章では、ブロック別に傾向をみていきます。

（1）北海道

　北海道の市町村別人口増減率予測（2010～2045年）は、かなり厳しいものとなっています。半数近い45.3％の自治体が現在の人口の50％を超える減少率となり、85.5％の自治体が30％を超える人口減少となります。増加予測自治体は、旭川市に隣接する東神楽町と東川町の二つだけであり、わずかに札幌市とその周辺自治体が緩やかな減少となっています。前章でみたように、北海道全体の合計特殊出生率の低さと社会減少率の高さが重なってこの結果となっています。

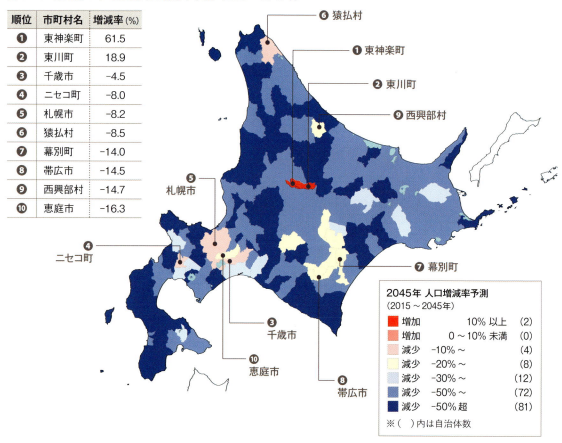

図3-1　北海道の市町村別人口増減率予測（2015～2045年）

順位	市町村名	増減率(%)
❶	東神楽町	61.5
❷	東川町	18.9
❸	千歳市	-4.5
❹	ニセコ町	-8.0
❺	札幌市	-8.2
❻	猿払村	-8.5
❼	幕別町	-14.0
❽	帯広市	-14.5
❾	西興部村	-14.7
❿	恵庭市	-16.3

(2) 東北地方

　東北地方においても、今後30年間の市町村別人口増減率予測の厳しさは変わりません。わずかに仙台市周辺に増加予測市町村が集まっているだけで、その他は大幅な減少が予測される自治体が大半となっています。特に、秋田県は、全市町村が30％を超える減少率となっており、青森・山形両県においても大部分の市町村が同様です。東北地方全体の40.5％の市町村が50％を超える減少率となっており、減少率が30％を超える市町村は全体の83.3％とほぼ北海道と等しいレベルになります

図3-2　東北地方の市町村別人口増減率予測（2015～2045年）

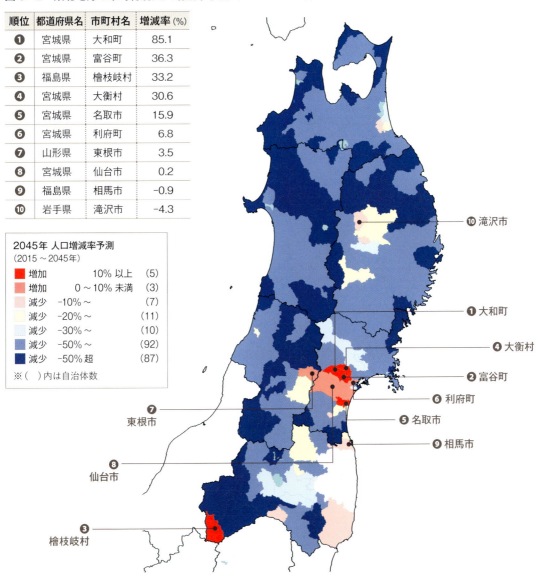

順位	都道府県名	市町村名	増減率(%)
❶	宮城県	大和町	85.1
❷	宮城県	富谷町	36.3
❸	福島県	檜枝岐村	33.2
❹	宮城県	大衡村	30.6
❺	宮城県	名取市	15.9
❻	宮城県	利府町	6.8
❼	山形県	東根市	3.5
❽	宮城県	仙台市	0.2
❾	福島県	相馬市	-0.9
❿	岩手県	滝沢市	-4.3

2045年 人口増減率予測（2015～2045年）
- 増加　10%以上　(5)
- 増加　0～10%未満　(3)
- 減少　-10%～　(7)
- 減少　-20%～　(11)
- 減少　-30%～　(10)
- 減少　-50%～　(92)
- 減少　-50%超　(87)

※（　）内は自治体数

※福島第一原子力発電所事故により、2011年4月22日時点で警戒区域・計画的避難区域・緊急時避難準備区域が一部でも含まれている福島県内の12市町村は集計や分析には入れていない。

（3）関東・中部地方

　関東・中部地方では、人口増加予測自治体は、東京圏と名古屋圏の中心部近くに集中しています。上位10自治体をみると、東京都心の特別区に交じって、小さな離島が高い増加率となっていることが注目されます。人口増加予測自治体の割合は、全体で12.2％。これは、九州・沖縄に次いで高くなっています。一方、30％を超える減少予測となった自治体の割合は50.9％と、5ブロックのなかで最も低くなっています

図3-3 関東・中部地方の市町村別人口増減率予測（2015～2045年）

順位	都道府県名	市区町村名	増減率(%)
❶	新潟県	粟島浦村	5096.0
❷	東京都	利島村	605.9
❸	東京都	千代田区	268.9
❹	東京都	港区	169.8
❺	東京都	中央区	125.8
❻	東京都	台東区	111.8
❼	東京都	渋谷区	76.7
❽	埼玉県	戸田市	68.0
❾	愛知県	長久手市	66.8
❿	東京都	神津島村	64.3

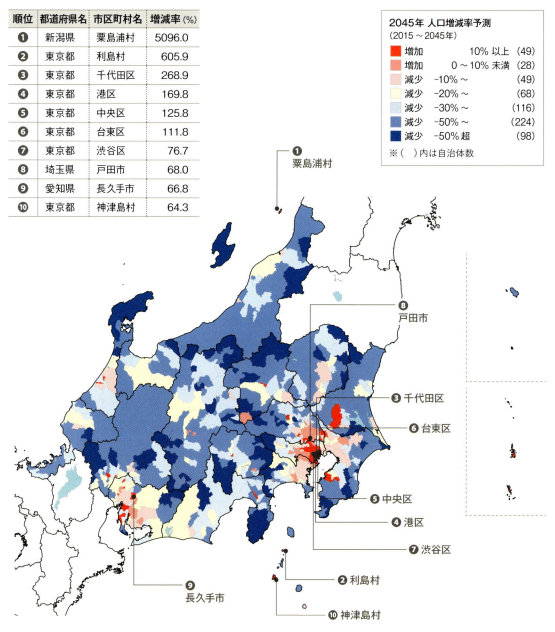

（4）近畿・中国・四国地方

　近畿・中国・四国地方の市町村別人口増減率予測では、大都市周辺だけでなく、奥深い山間部や離島においても、人口増加が予測される自治体があることが注目されます。紀伊半島の南部や四国の南半分の山間部や半島部で高い減少率となっている反面、中国山地沿いの市町村では50％を超えるような減少率のところはそれほど目立ちません。エリア全体としても、50％を超えるような減少率の自治体の割合は24.7％にとどまり、北海道や東北と比べると、明らかに人口減少の度合いは緩やかになっています。ちなみに、減少率30％を超える自治体の割合も63.9％と比較的低くなっています。

図3-4　近畿・中国・四国地方の市町村別人口増減率予測（2015～2045年）

順位	都道府県名	市町村名	増減率（%）
❶	三重県	朝日町	69.7
❷	高知県	大川村	60.3
❸	島根県	海士町	49.0
❹	大阪府	田尻町	39.8
❺	三重県	川越町	34.2
❻	滋賀県	栗東市	25.8
❼	滋賀県	草津市	20.9
❽	京都府	京田辺市	19.4
❾	大阪府	吹田市	18.8
❿	和歌山県	北山村	17.3

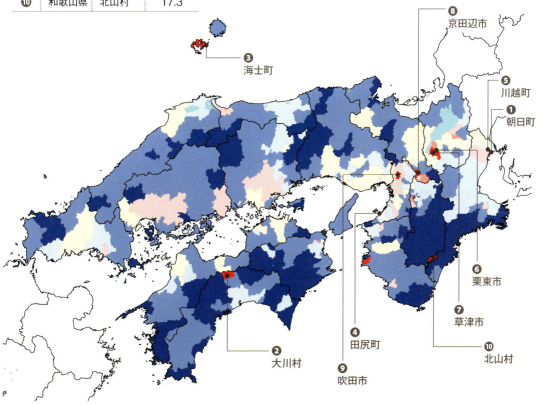

（5）九州・沖縄

　九州・沖縄において、人口増加予測の市町村が集中しているのは、福岡市周辺および熊本市周辺、そして沖縄です。エリア全体として増加予測自治体の割合は13.2％と5ブロック中の1位であり、一方、減少予測が30％を超える自治体は全体の60.9％と2番目に少なくなっています。減少率予測が50％を超えるのは、宮崎・熊本県境の九州山地沿いの自治体と長崎県の離島に多くなっています。後者は、沖縄周辺と好対照で、主として社会増減率の違いがその差を生み出しています（第2章第3節（5）参照）。

図3-5　九州・沖縄の市町村別人口増減率予測（2015～2045年）

順位	都道府県名	市町村名	増減率(%)
❶	沖縄県	与那国町	825.7
❷	鹿児島県	十島村	442.5
❸	鹿児島県	三島村	262.3
❹	福岡県	新宮町	199.0
❺	沖縄県	多良間村	121.0
❻	沖縄県	竹富町	102.1
❼	沖縄県	与那原町	76.4
❽	沖縄県	渡名喜村	68.0
❾	沖縄県	中城村	60.2
❿	沖縄県	座間味村	60.1

2045年 人口増減率予測
（2015～2045年）
- 増加　　10％以上　（29）
- 増加　　0～10％未満　（7）
- 減少　-10％～　（12）
- 減少　-20％～　（23）
- 減少　-30％～　（36）
- 減少　-50％～　（111）
- 減少　-50％超　（56）

※（　）内は自治体数

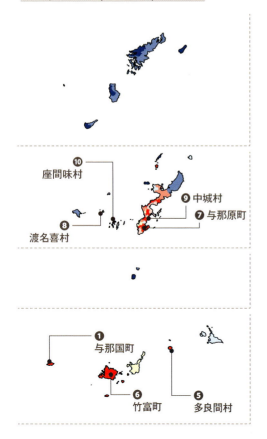
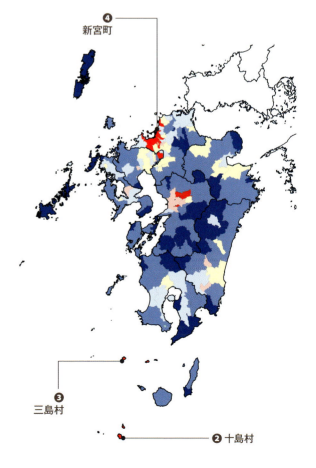

2 子ども人口安定化のために必要な定住増加割合
―― どのくらい定住を増やせば、子ども人口を長期に維持できるか？

地域社会の人口を安定させる第一歩は、子ども人口の維持です。ここが守れないと、長期的な人口減少に歯止めがかかりません。長期的な人口予測をもとに、いまのままで子ども人口が安定化している市町村はどこか、そして安定化していないところはあとどのくらい定住を増やせばよいのか、「処方箋」を示していきます。

（1）北海道

北海道における子ども人口安定化に必要な市町村別定住増加目標人口比には、地理的な偏りはあまりみられません。すでに長期にわたって子ども人口が安定化している八つの自治体は、縁辺部も含めて広く分散しています。全体の83.2％の市町村が、人口比にして1.0％未満の定住増加（1年当たり）で、子ども人口が安定化すると予測されます。

なお、序章第4節でも書いたように、これらの計算は、20代前半・30代前半・60代前半の世帯を同じようにバランスよく定住を呼び込むことを前提としています。

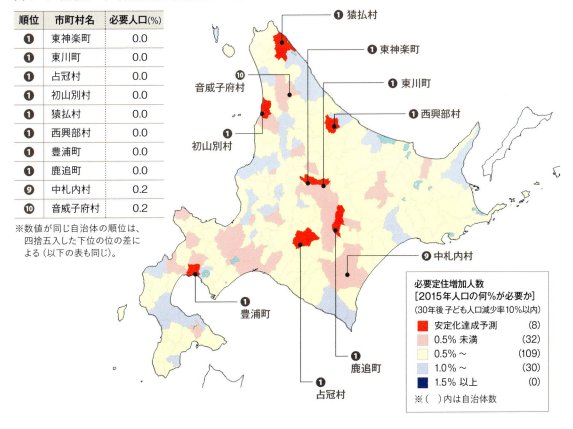

図3-6 北海道の市町村別定住増加目標人口比（子ども人口安定化）

（2）東北地方

　東北地方における子ども人口安定化に必要な市町村別定住増加目標人口比は、やはり仙台市周辺にすでに安定化している、もしくは安定化に近づいている自治体が集まっています。また、福島県においても、同様の自治体が比較的多く分布しています。一方、青森・秋田・岩手・山形の4県では、そうした自治体はかなり少なくなっています。東北地方では、全体の84.7%の市町村が人口比にして1.0%未満の定住増加で、子ども人口が安定化すると予測されます。

図3-7 東北地方の市町村別定住増加目標人口比（子ども人口安定化）

順位	都道府県名	市町村名	必要人口(%)
❶	宮城県	名取市	0.0
❶	宮城県	大和町	0.0
❶	宮城県	富谷町	0.0
❶	宮城県	大衡村	0.0
❶	山形県	三川町	0.0
❶	福島県	檜枝岐村	0.0
❼	青森県	六戸町	0.1
❽	山形県	東根市	0.1
❾	岩手県	矢巾町	0.2
❿	福島県	金山町	0.2

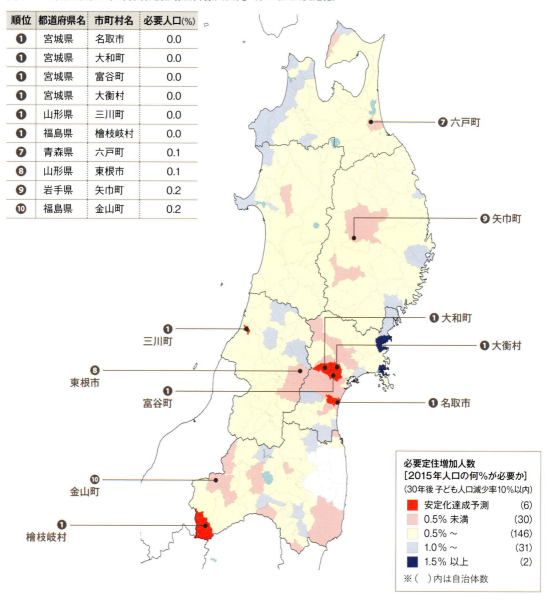

※福島第一原子力発電所事故により、2011年4月22日時点で警戒区域・計画的避難区域・緊急時避難準備区域が一部でも含まれている福島県内の12市町村は集計や分析には入れていない。

(3) 関東・中部地方

　関東・中部地方においては、子ども人口が安定化している自治体が、東京圏と名古屋圏に集中しています。また、安定化に必要な定住増加目標が人口比にして0.5％未満と、安定化に近づいている自治体とも広範に分布しています（安定化達成予測自治体93のリストは巻末付録　表付−3参照）。一方、合計特殊出生率が高い自治体は、山間部や離島に目立ちます。関東・中部地方では、全体の92.1％の市町村が、人口比にして1.0％未満の定住増加で、子ども人口が安定化すると予測されます。

図3−8　関東・中部地方の市区町村別定住増加目標人口比（子ども人口安定化）

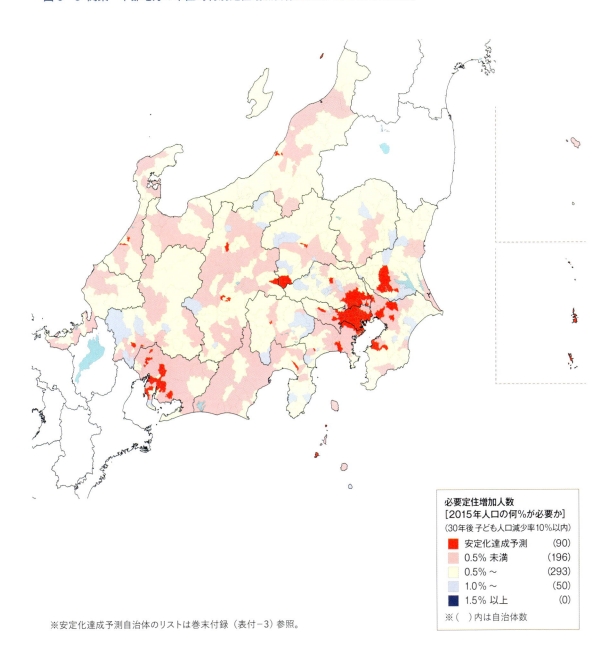

※安定化達成予測自治体のリストは巻末付録（表付−3）参照。

（4）近畿・中国・四国地方

　近畿・中国・四国地方においては、近畿の中央部に子ども人口が安定化している自治体が多くみられます。また、紀伊半島や高知県の縁辺部そして島根県の隠岐においても、同様の自治体があることが注目されます。近畿・中国・四国地方では、全体の92.8％の市町村が、人口比にして1.0％未満の定住増加で、総合的に人口が安定します。

図3-9　近畿・中国・四国地方の市町村別定住増加目標人口比（子ども人口安定化）

子ども人口安定化達成予測自治体			大阪府	豊中市	吹田市	島根県	海士町	知夫村
三重県	朝日町	川越町		茨木市	箕面市	岡山県	里庄町	
滋賀県	草津市	守山市		摂津市	島本町	山口県	和木町	
	栗東市	愛荘町		田尻町		徳島県	北島町	
	豊郷町		兵庫県	播磨町		香川県	宇多津町	
京都府	京田辺市	木津川市	和歌山県	日高町	北山村	高知県	北川村	三原村
奈良県	葛城市	王寺町	鳥取県	日吉津村				

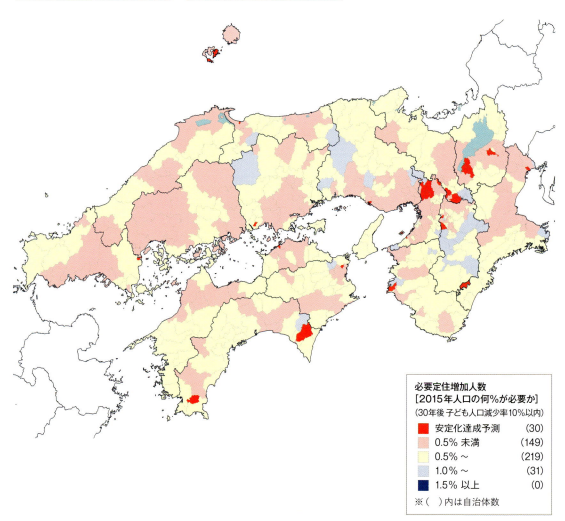

必要定住増加人数
[2015年人口の何％が必要か]
（30年後 子ども人口減少率10％以内）
- 安定化達成予測　　（30）
- 0.5％ 未満　　　（149）
- 0.5％～　　　　（219）
- 1.0％～　　　　　（31）
- 1.5％ 以上　　　　（0）

※（　）内は自治体数

（5）九州・沖縄

　九州・沖縄で子ども人口が安定化した自治体が目立つのは、福岡市および熊本市周辺、宮崎県の山間部そして沖縄県です。特に、沖縄県には、18もの子ども人口が安定化した自治体があり、全県41市町村の半分近くに迫っています（安定化達成予測自治体38のリストは巻末付録　表付－4参照）。九州では、全体の97.8％の市町村が人口比にして1.0％未満の定住増加で、子ども人口が安定化します。これは、5ブロックのなかで最高値となっています。背景としては、何といっても、合計特殊出生率の高さが挙げられます。

図3－10　九州・沖縄の市町村別定住増加目標人口比（子ども人口安定）

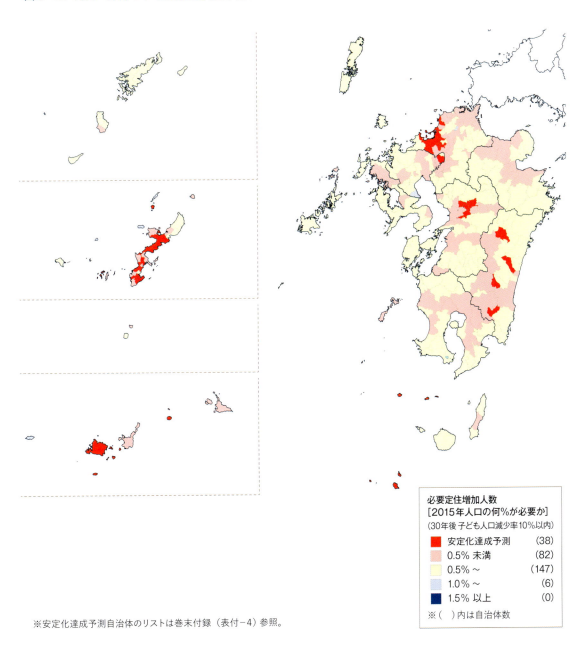

※安定化達成予測自治体のリストは巻末付録（表付－4）参照。

3 総合的人口安定化に必要な定住増加割合
── 総人口・子ども人口・高齢化率の3条件を同時に安定させる

子ども人口だけでなく、総人口も高齢化率も現在の水準で安定させることは、多くの自治体で高齢化と少子化が一定以上進行した段階では、かなりの難題となります。これらの3条件を同時に安定化させている自治体はどこか、そのために必要な定住増加割合はどのくらいなのかをブロックごとにみていきます。いずれのブロックも、子ども人口安定化だけの場合と異なり、より多くの定住増加が必要な自治体の割合が高まります。

（1）北海道

北海道では、札幌から帯広にかけて比較的安定化に近づいている自治体が集まっています。すでに安定化している市町村は、東神楽町・東川町・猿払村の三つの自治体です。特に、猿払村は、北海道北部において年1％以上の定住増加が求められる市町村が多いなかで注目されます。全体の39.7％の市町村が人口比にして1.0％未満の定住増加（1年当たり）で総合的に人口が安定化すると予測されます。この数字は、今回の5ブロックのなかで一番低く、北海道の人口動態の厳しさを示しています。

図 3－11 北海道の市町村別定住増加目標人口比（総合的人口安定化）

順位	市町村名	必要人口(%)
❶	東神楽町	0.0
❶	東川町	0.0
❶	猿払村	0.0
❹	西興部村	0.1
❺	中札内村	0.2
❻	千歳市	0.2
❼	幕別町	0.2
❽	鹿追町	0.2
❾	札幌市	0.2
❿	占冠村	0.2

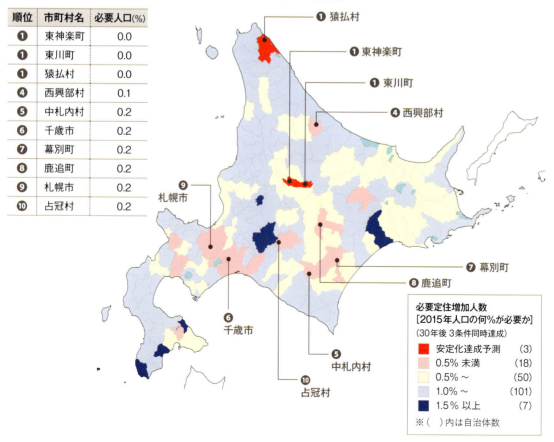

60

（2）東北地方

　東北地方においては、やはり仙台市周辺に総合的に人口が安定化しているとみられる、あるいはそれに近づいている自治体が集まっています。一方、青森・秋田・山形の3県では、安定化のため年に1％以上の定住増加が必要な市町村が大きな割合を占めています。これは、現在の30代女性の減少率や合計特殊出生率の低さ、社会減少率の高さなどが複合的に響いています。

　東北地方では、全体の48.8％の市町村が人口比にして1.0％未満の定住増加で総合的に人口が安定化すると予測されます。

図3-12　東北地方の市町村別定住増加目標人口比（総合的人口安定化）

順位	都道府県名	市町村名	必要人口(%)
❶	宮城県	名取市	0.0
❶	宮城県	大和町	0.0
❶	宮城県	富谷町	0.0
❶	宮城県	大衡村	0.0
❶	福島県	檜枝岐村	0.0
❻	山形県	三川町	0.0
❼	青森県	六戸町	0.1
❽	山形県	東根市	0.1
❾	岩手県	矢巾町	0.2
❿	宮城県	仙台市	0.2

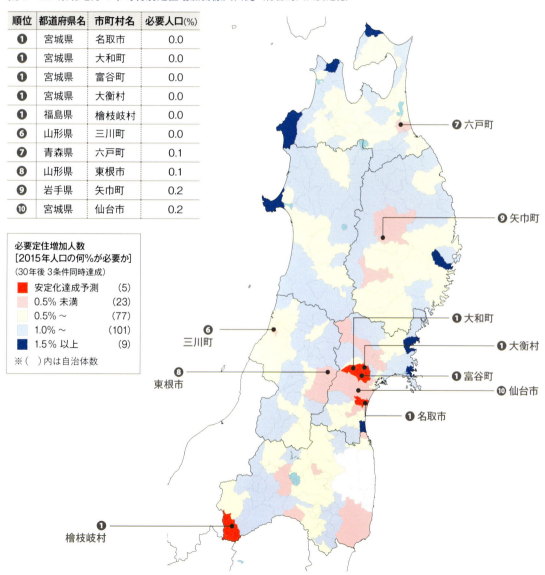

※福島第一原子力発電所事故により、2011年4月22日時点で警戒区域・計画的避難区域・緊急時避難準備区域が一部でも含まれている福島県内の12市町村は集計や分析には入れていない。

（3）関東・中部地方

　関東・中部地方においては、子ども人口安定化の場合と同じく、総合的に人口が安定化しているとみられる自治体は、東京圏と名古屋圏に集中しています（安定化達成予測自治体91のリストは巻末付録表付−5参照）。また同様に、人口比にして0.5％未満と総合的安定化に近づいている自治体も広範に分布しています。関東・中部地方では、全体の75.8％の市町村が、人口比にして1.0％未満の定住増加で総合的に人口が安定すると予測されます。これは、北海道よりも倍近く高い割合です。

図3−13　関東・中部地方の市町村別定住増加目標人口比（総合的人口安定化）

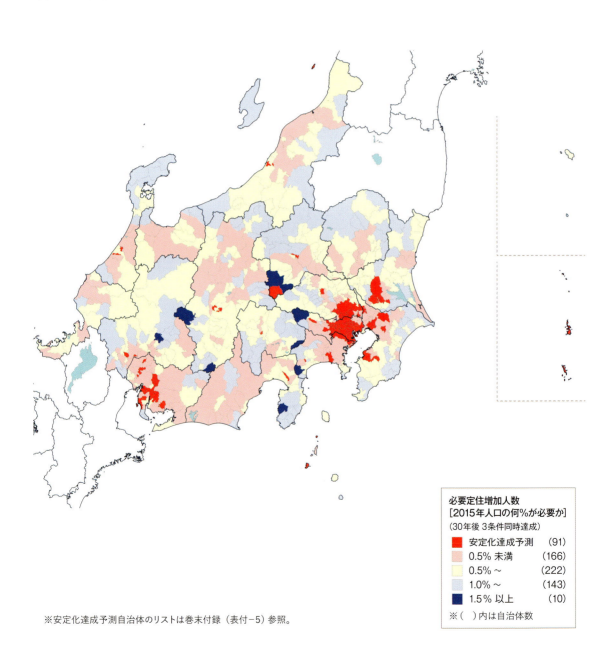

※安定化達成予測自治体のリストは巻末付録（表付−5）参照。

（4）近畿・中国・四国地方

　近畿・中国・四国地方においては、子ども人口安定化の場合と同じく、近畿地方の中央部に総合的に人口が安定化しているとみられる自治体が多くみられます。また、同様に、紀伊半島や高知県の縁辺部そして島根県の隠岐でも同様の自治体があることが注目されます（安定化達成予測自治体のリスト参照）。近畿・中国・四国地方では、全体の66.9％の市町村が、人口比にして1.0％未満の定住増加で、総合的に人口が安定化すると予測されます。

図3-14 近畿・中国・四国地方の市町村別定住増加目標人口比（総合的人口安定化）

総合的人口安定化達成予測自治体			奈良県	葛城市	王寺町	和歌山県	日高町	北山村
三重県	朝日町	川越町	大阪府	豊中市	吹田市	鳥取県	日吉津村	
滋賀県	草津市	守山市		茨木市	箕面市	島根県	海士町	知夫村
	栗東市	愛荘町		摂津市	島本町	岡山県	里庄町	
	豊郷町			田尻町		徳島県	北島町	
京都府	京田辺市	木津川市	兵庫県	播磨町		香川県	宇多津町	

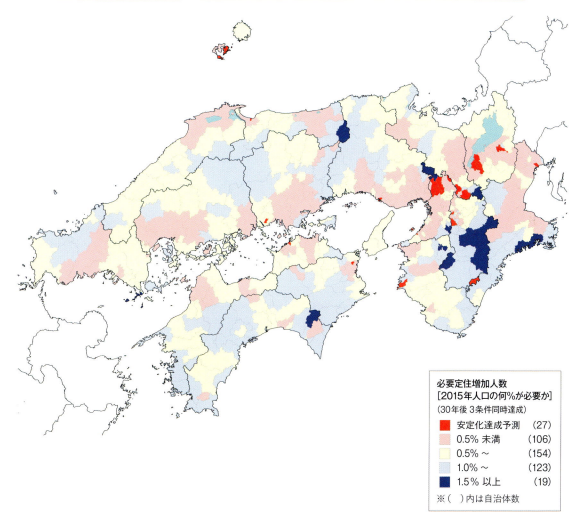

(5) 九州・沖縄

　九州・沖縄で総合的に人口が安定化しているとみられる自治体が目立つのは、福岡市周辺および熊本市周辺そして沖縄県です。特に、沖縄県では、18の自治体が安定化しており、九州・沖縄全体の総合的人口安定化自治体の半分近くに迫っています（安定化達成予測自治体36のリストは巻末付録　表付－6参照）。

　九州では、全体の67.2％の市町村が人口比にして1.0％未満の定住増加で、総合的に人口が安定化すると予測されます。これは、やはり、合計特殊出生率の高さが後押ししています。

図3－15　九州・沖縄の市町村別定住増加目標人口比（総合的人口安定化）

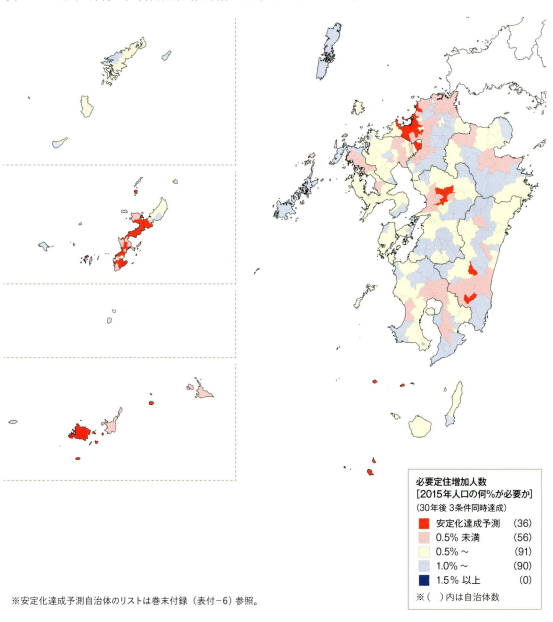

※安定化達成予測自治体のリストは巻末付録（表付－6）参照。

第**4**章

地域介護分析の手法

地域別「お達者度」をもとに
介護費用を分析する

高齢化にともなって、介護費用の増大が大きな問題になっています（2016年度10兆円を超え、このまま推移すると2025年度21兆円と予想）。たとえ、人口が安定化しても、介護費用が増大して自治体財政がパンクしたら、地域は立ちゆきません。この章では、人口分析で集約した男女年齢階層別人口と介護保険による男女年齢階層別介護状況データを組み合わせて、地域別の「お達者度」（元気なお年寄りが占める割合）を算出し、その地区の介護費用が客観的かつ実質的に高いのか低いのかを割り出していく手法を解説します。あわせて、人口予測と連動した将来的な介護費用の予測も行います。

1 地域の介護状況を 男女・年齢階層別に集約する

第1章「地域人口分析の手法」で説明したように、地域ごとの男女年齢階層別人口は、住民基本台帳を使えば、簡単に集約できます。わが国においては、全国一律の介護保険制度があり、介護や支援の対象者のデータは市町村役場の福祉関係課で毎年記録されています。そうした介護保険データを集約することで、地域ごとの介護状況が詳細に把握できます。

男女年齢階層別の介護状況一覧をつくる

地域介護分析の第一歩は、表4−1のような男女年齢階層別の介護状況一覧表を作成することです。ここでは、島根県邑南町（人口11,105人／2017年）を例に紹介します（邑南町の概要と人口ビジョンに関する取り組みについては第6章第4節以降を参照ください）。

この際、注意すべきことは、該当地区に特別養護老人ホームなどの住居変更をともなう施設がある場合、そのまま集計すると、その地区の要支援・要介護の認定率が見かけ上高くなってしまいます。そこで、介護保険には、こうした入居者の前住所データがあるので、他地区からの入居者については、前住所

表4−1 邑南町における男女年齢階層別の介護状況一覧（2017年度）

項目 \ 年齢層(歳)	65〜69	70〜74	75〜79	80〜84	85〜89	90〜
男人口	549	352	316	310	234	179
男認定者以外	534	330	286	253	162	73
要支援1	0	6	4	9	9	5
要支援2	4	0	3	4	2	9
要介護1	2	3	5	16	14	23
要介護2	0	6	7	14	18	25
要介護3	3	3	5	2	15	27
要介護4	4	0	3	9	10	6
要介護5	2	4	3	3	4	11
男認定者数	15	22	30	57	72	106
男受給者数	15	22	30	57	72	106
女人口	510	396	402	461	453	481
女認定者以外	503	371	358	348	227	110
要支援1	0	2	14	23	25	15
要支援2	2	2	5	21	28	34
要介護1	1	4	9	23	55	60
要介護2	1	5	7	16	47	73
要介護3	2	3	4	16	26	75
要介護4	0	4	1	7	27	56
要介護5	1	5	4	7	18	58
女認定者数	7	25	44	113	226	371
女受給者数	7	25	44	113	226	371
認定者男女計	22	47	74	170	298	477
受給者男女計	22	47	74	170	298	477

に戻して介護データを集約します。この前住所に戻す操作は、逆に、当該自治体以外の施設に入居している人がいる場合にも適用します。

邑南町の男女年齢階層別の介護状況をグラフ化すると、図4－1のようになります。要支援・要介護認定者（以下、認定者）は、80代以上で急激に増え、90代以上では、男女とも半数を超えることがわかります。また、男女別の比較では、70代後半以降は、女性の認定率が男性を大きく上回ります。女性のほうが長生きすることと相まって、介護認定者全体の3分の2を女性が占めています（男性総数302名、女性総数786名）。

図4－1 邑南町における男女年齢階層別の介護状況グラフ（2017年度）

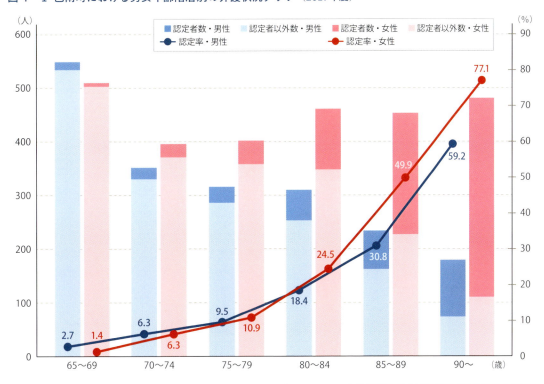

お達者で長生きしているか、「見える化」をしてみる

介護分析で注意すべきことは、要介護者の数や比率、そして介護費用などが単に少なければよいというわけではないことです。たとえば、70代のうちに亡くなる人が多く、その結果、80代・90代の介護認定者や介護費用が減少するという構図は、あまり歓迎できるものではありません。理想は、「お達者で長生き」という二つの要素が成立することです。

また、年齢構成は地域ごとに違いますから、単純に介護の認定率や介護の1人当たりの平均費用を出すと、当然ながら新興住宅地や新築マンションのように若い年齢層しかいない地域が圧倒的に数字としては低くなります。

このような年齢構成による影響を避け、実質的にその地域が「お達者で長生き」をどの程度実現しているかをつかむには、図4－2のように、65歳を100％として出発し、どのくらいの人が各年齢階層まで存命で、どんな介護状況にあるかを「見える化」することです。全員が90歳以上まで長生きした場合と比べて、各年齢層の存命者の割合を合計すると（人口指標）、その地域の長生き度合がわかります。また、そのなかで要支援・要介護認定者以外のお達者な人の割合を出せば、長生きかつお達者の度合が

出ます（認定者以外指標）。

邑南町の男女を比較してみると、やはり女性のほうが長生きする人が多い反面、男性のほうが存命者のなかでお達者な人の割合（認定者以外率）が高いため、長生きかつお達者の割合（認定者以外指標）は男女でそれほど差が広がらない結果となっています。

図4-2　邑南町における高齢者の介護状況総合グラフ（2017年度）

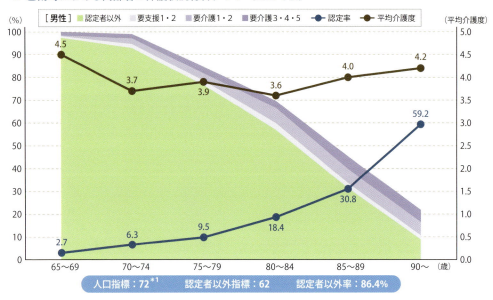

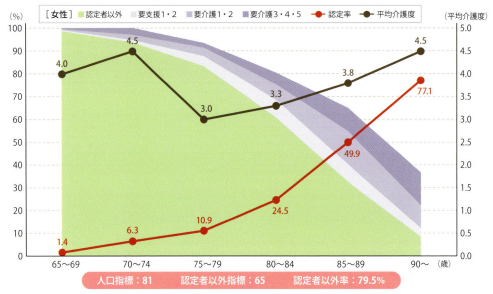

※ 平均介護度とは、要支援1＝1, 要支援2＝2, ……要介護5＝7として合計し、介護認定者数で除算し、算出。

ここがポイント！

介護認定を受ける人数や割合は、どうしても地域の年齢構成の影響を大きく受けてしまうので、その影響を中立化して実質的なお達者度をわかりやすいグラフや指標で明らかにすることが大切です。

＊1：人口指標の算出方法は巻末用語解説参照。

2 介護認定率と平均介護度を比べてみる
—— 介護対象者の広がりと介護段階の重さを測る

地域の介護状況を把握するためには、介護対象者の「広がり」（介護認定率）と介護段階の「重さ」（平均介護度）の両面から評価していく必要があります。

年齢階層別の介護認定率を出してみる

各年齢階層の人口に占める要支援・要介護認定者の割合を出してみます。男性の場合、すべての年齢層において、邑南町の介護認定率は、島根県と全国を下回っています。特に、80代前半の差は大きくなっています。女性の場合、邑南町の介護認定率は、70代前半を除き、島根県と全国を下回っています。

男女総合では、男性の低さが貢献し、70代前半を除き、島根県と全国を下回っています（図4−3）。

また、男女総合を東京都と比べてみると、すべての年齢層において邑南町が下回っており、特に80代以降は、その差が10％程度開いていることが注目されます（表4−2）。

表4−2 邑南町、島根県、東京都、全国の年齢階層別介護認定率の比較（2017年度）

（単位：％）

区分	年齢（歳）	65〜69	70〜74	75〜79	80〜84	85〜89	90〜
男性	邑南町	2.7	6.3	9.5	18.4	30.8	59.2
	島根県	3.0	6.2	12.0	21.5	40.4	64.2
	全国	3.3	6.1	11.4	22.6	40.7	63.9
女性	邑南町	1.4	6.3	10.9	24.5	49.9	77.1
	島根県	2.7	5.2	12.9	29.0	52.7	81.7
	全国	2.7	6.1	14.4	32.6	56.8	80.8
男女総合	邑南町	2.1	6.3	10.3	22.0	43.4	72.3
	島根県	2.8	5.7	12.5	26.1	48.6	77.7
	全国	3.0	6.1	13.1	28.6	51.3	76.7
	東京都	3.2	6.7	13.6	29.5	53.4	81.5

平均介護度を比べてみる —— 認定者内と人口全体

次は、もうひとつの介護状況を表す指標である平均介護度を比べてみましょう。平均介護度を出す場合の「分母」となる人口は、二つあります。ひとつは、前節で出した介護認定者を分母とするもの、もうひとつは、お達者な人も含めた年齢階層人口を分母とするものです。

邑南町について、介護認定者のなかでの平均介護度は、県全体や全国と比べて介護認定率ほどの優位性はありません。ただ、目立つのは、70代前半女性の平均介護度が1ポイントも高いことです（図4−3）。

また、年齢階層ごとの平均介護度にあまり違いがないことは、全県や全国にも共通する事実として注

目されます。つまり、いったん介護対象者になると、その介護度は年齢が上だから高いとは限らないのです。

次に、年齢階層人口全体における平均介護度を出してみましょう（図4-4）。この数値は、お達者な人も入れた計算なので、いわば介護認定率と平均介護度を総合化した評価値ともいえます。

年齢階層別人口を母数にした場合、年齢が上がるごとに平均介護度は確実に上がっていきます。介護認定者中の平均介護度はあまり上昇しませんから、この年齢階層人口全体の介護度の上昇は、介護認定率の上昇によるものであることがわかります。

邑南町の場合、70代前半の女性を除いては、全国・全県の平均値とほぼ同じ、あるいは低くなっています。これは、邑南町の広い年齢層における介護認定率の低さが総合的に勝って、介護状況全体を軽くしていることを意味します。

図4-3　邑南町、島根県、全国の年齢階層別平均介護度──介護認定者中（2017年度）

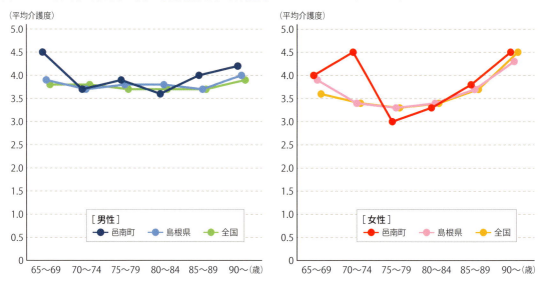

図4-4　邑南町、島根県、全国の年齢階層別平均介護度──年齢階層人口中（2017年度）

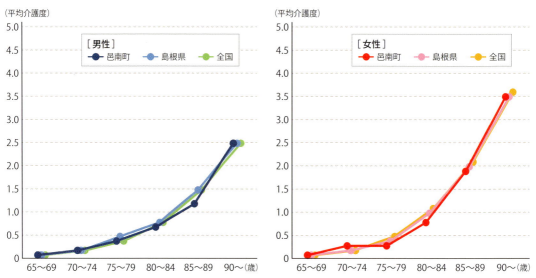

3 年齢階層別の介護費用を出して、比べてみる

介護費用を地域ごとに単純に集計、平均値を出すだけでは、高齢化率に影響されてしまいます。地域の「お達者度」を正しく反映した介護費用を算出するためには、年齢階層別に分けて積み上げていく必要があります。

年齢階層別に認定者1人当たりと人口1人当たりを計算

　各地域の年齢階層別の介護認定者を介護度別に集計し、介護度別の平均介護費用を掛けると、該当年齢階層の介護総費用が算出できます。この計算における「平均介護費用」には二つの選択肢があります。ひとつは、厚生労働省が集約している介護度別の全国平均値を使うことです。自治体によって介護度別の平均介護費用は異なるので、全国平均値を使うことで、その差を捨象して地域の実際のお達者度を反映した介護費用が計算できます。ここではこのやり方で計算しています。

　もうひとつは、自治体の介護度別平均介護費用を使う方法で、実際に支出されている介護費用が全国平均とどのくらい異なるかがわかります。

　おすすめしたいのは、両方のケースを計算することです。そうすると平均介護費用の全国との差が、お達者度・平均費用単価のどちらに起因するものか、判明します。

　まず、後者の方法で年齢階層別に認定者1人当たりの平均介護費用を出してみます（図4-5）。前節の認定者の平均介護度をほぼ反映した傾向となり、邑南町では女性の70代前半・男性の60代後半の高さが目立ちます。

　次に、年齢階層別に人口1人当たりの平均介護費用を出してみます（図4-6）。こちらは、前節の階

図4-5　邑南町、島根県、全国の年齢階層別平均介護費用──認定者1人当たり（2017年度）

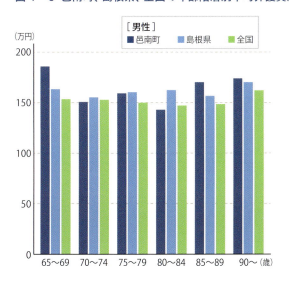
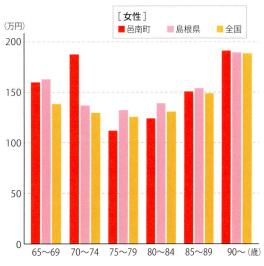

層人口全体の平均介護度を反映しており、邑南町では70代女性だけが全国と全県の平均値を上回っています。

図4－6 邑南町、島根県、全国の年齢階層別平均介護費用──人口1人当たり（2017年度）

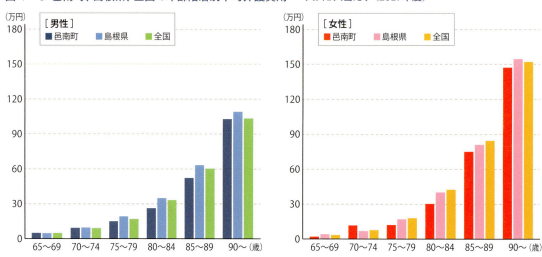

総額と1人当たりの費用を県全体・全国と比べてみる

このように年齢階層別の介護の平均費用が出たところで、総額や1人当たりの費用が、県全体や全国と比べてどのくらい多いか少ないか、その差額を求めてみましょう。この場合も、介護度の段階ごとの単価は、全国平均値を使うほうが、実際のお達者度を反映した金額となります。

まず地域ごとの年齢階層別の介護費用総額の差額は、共通の介護度ごとの全国平均単価を使用したうえで、その地域の年齢階層ごとの各介護度人数により集計した地域総額と、全国平均の介護度分布により割り出した各介護度人数により集計した全国並み総額を比較することにより算出できます。こうして得られた年齢階層ごとの差額を高齢者全体の年齢層で足してやると、地域全体の差額が出るというわけです。

図4－7は、邑南町の年齢階層別介護費用を県・国の平均的な介護認定率・介護度と比べた差額で

す。邑南町は70代前半女性で上回っているものの、70代後半以降を中心に大きく下回っていることがわかります。介護認定率の低さを中心とした「お達者度」の高さがその原動力となっています。その差額の町全体における総額は、男性で4,741万円、女性で1億3,855万円と、合計1億8,595万円に上ります。

次に、差額総額を該当人口で除して、1人当たりの差額を出してみます。80代前半女性など人口の多い年齢階層では、1人当たり10万円を超えて全国平均より下回っていることがわかります（図4－8）。

ちなみに、邑南町町民1人当たりでは16,745円、邑南町の高齢者1人当たりでは38,878円、全国平均より下回っていることになります。

このように、年齢別の介護データから積み上げ、全国や全県の平均値を利用すれば、実際の「お達者度」を反映した介護費用の総額や差額が計算できます。

図4-7 邑南町の年齢階層別介護費用の県・国平均との差額総額（2017年度）

図4-8 邑南町の年齢階層別介護費用の県・国平均との人口1人当たり差額（2017年度）

ここがポイント！

それぞれの地域において、年齢別の介護データをもとにきめ細かく介護額を計算し、全国平均値と比較することで、初めてその地域の実質的な介護費用の高低がわかるのです。

将来の介護費用を予測する
―― 人口予測と組み合わせたハイブリッドプログラムを開発

第1章で紹介した人口予測プログラム（「地域人口分析・予測シミュレーションシステム」）を使えば、将来の各年齢階層の男女人口が明らかになります。そして、現在の男女・年齢階層別の介護認定率や介護度の分布が今後も続くと仮定して計算すると、将来の年齢構成に対応した介護の状況や費用をシミュレーションできます。

介護費用予測 その1 ―― 人口が現状推移で減少していく場合

まず、人口が現状推移で減少していく場合の介護費用を、引き続き島根県邑南町を事例として予測してみましょう。第1章で紹介したプログラムを使えば、邑南町の現状推移の場合の将来の人口や高齢化率は、図4-9のように予測されます。

以前の予測に比べかなり緩やかになってきたものの人口減少は今後も続き、2017～2047年の30年間で人口は39.4％減少します。高齢化率はほぼ安定するものの、注目すべきは、高齢者の総数が2017年の4,783人をピークに減り始め、2047年には2,913人まで減少することです（39.1％減少）。

このような人口や高齢者数の減少に応じて、介護費用はどのように変化していくのでしょうか（図4-10）。現在の邑南町における男女・年齢階層別の認定率や介護度分布が今後も続くと仮定し、介護段階ごとの平均費用を全国平均値で計算すると、実は介護費用全体も、2017年をピークにして緩やかに減少に転じることがわかります。2047年までの30年間での減少率は、28.9％になります。

介護費用の将来的な減少は、一見歓迎すべきことのように思えますが、人口全体はより急速に減少するため、住民1人当たりの負担は増えることを意味します。

図4-9 邑南町の人口・高齢化率の予測（現状推移の場合）

図 4 – 10 邑南町の介護費用の予測（現状推移の場合）

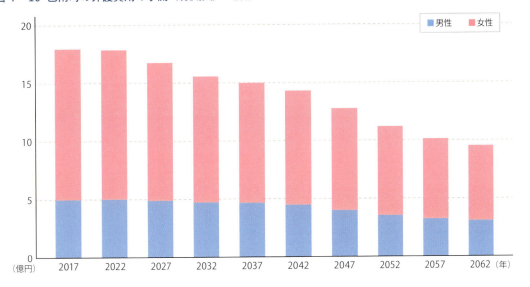

介護費用予測 その2 —— 人口が安定化した場合

　では、次に、邑南町全体の人口・高齢化・子ども数が安定化した場合の介護費用を予測してみましょう。U・Iターンを増やすことは多くの中山間地域自治体にとって急務です。しかし同時に、将来的に介護費用がパンクしないか確かめておくことも必要ではないでしょうか。

　現在の出生率や転出（超過）率が変わらないとすれば、邑南町は、毎年20代前半・30代前半・60代前半の各世代11.7組の定住増加（合計82人、人口の0.7％分）により人口の総合的な安定化が達成されます（図4 – 11）。

　長期的に人口を安定化させると、高齢化率は下がり始めますが、高齢者人口の減少割合は緩やかになり、30年後の2047年における減少率は30.1％にとどまります。

　このように人口を安定化させたときの介護費用を予測したものが、図4 – 12です。実は、人口安定化シナリオにおいても、介護費用のピークは2017年で変わりません。ただし、その後は、介護費用の低下割合は小さくなり、2047年における減少率は24.5％にとどまります。これは、U・Iターンが増加しても現在の介護の体制や施設で十分対応できることを意味しています。

　また、同時に、大都市における今後の爆発的な高齢化にともない、「介護難民」の発生などが懸念されるなか、邑南町のように介護費用が相対的に安価な中山間地域への「田園回帰」を促進する必要性を、財政的な側面からも示す数字となっています。

図4-11 邑南町の人口・高齢化率の予測（人口安定化の場合）

図4-12 邑南町の介護費用の予測（人口安定化の場合）

ここがポイント！

ここで紹介したのとは逆に、今後高齢者の急速な増大が予測される団地やマンションが集中する大都市圏においても、この人口予測と組み合わせた介護費用の予測は、必ず実施したいですね。

5 地区ごとの介護状況を比較する
── 単純な平均値では見えてこない「お達者度」の実相

よりきめ細かな対策を立てるため地区ごとの介護状況を把握するには、工夫が必要です。人口総数に占める介護認定率の高低だけでは、地区の65歳以上の高齢化率に大きく左右され、年をとっても元気な人がどれだけいるかという「お達者度」の真実はわかりません。

まず介護状況の基本情報の地区別一覧をつくってみる

まず、表4-3のような介護状況に関する基本情報の地区一覧をつくってみます。引き続き、島根県邑南町を例にとります。第1節で自治体単位の介護状況を分析したときと同様に、特別養護老人ホームなどが地区内に存在する場合は、入居者は介護保険データにある前住所の地区に戻して集約します。これは、他地区の施設に入居している人がいる場合も同じです。

総人口当たりの介護認定率(邑南町全町男女では9.8%)をみると、おおむね高齢化率に比例していることがわかりますが、それほど単純ではありません。たとえば、高齢化率51.5%の阿須那地区の男性の総人口当たりの介護認定率は6.4%ですが、高齢化率が38.0%とかなり低い市木地区の男性の同介護認定率は8.0%と逆に高くなっています。

高齢者数当たりの介護認定率(全町男女では23.4%)になると、地区ごとの数字がかなり接近していることがわかります。この場合も、高齢化率との「逆転現象」があり、阿須那地区の男性の高齢者数当たりの介護認定率が12.6%にとどまっているのに対し、市木地区の男性は20.5%となっています。

このように、介護状況の地区比較をしてみると、高齢化が進むとそれだけで介護認定率が上昇するといった単純な傾向ではないことがすぐにわかります。

表4-3 邑南町における介護に関する基本情報地区別一覧(2017年度)

項目	人口		(人)	高齢化率		(%)	認定者数		(人)	総人口当たり認定率		(%)	高齢者数当たり認定率		(%)
	男	女	男女	男	女	男女	男	女	男女	男	女	男女	男	女	男女
邑南町全体	5,261	5,844	11,105	38.2	47.5	43.1	302	786	1,088	5.7	13.4	9.8	15.6	29.1	23.4
阿須那	357	414	771	51.5	57.7	54.9	23	82	105	6.4	19.8	13.6	12.6	33.2	24.4
口羽	343	402	745	48.7	63.9	56.9	34	62	96	9.9	15.4	12.9	20.7	25.5	23.6
出羽	432	423	855	35.2	42.1	38.6	24	54	78	5.6	12.8	9.1	19.2	32.3	26.7
市木	213	236	449	38.0	50.4	44.5	17	46	63	8.0	19.5	14.0	20.5	38.7	31.2
高原	432	467	899	40.3	49.3	44.9	33	74	107	7.6	15.8	11.9	19.2	31.5	26.3
田所	830	995	1,825	38.4	47.3	43.3	41	164	205	4.9	16.5	11.2	13.1	36.6	27.0
布施	82	100	182	48.8	53.0	51.1	11	10	21	13.4	10.0	11.5	27.5	20.4	23.6
井原	313	363	676	39.6	46.3	43.2	17	41	58	5.4	11.3	8.6	13.8	24.6	20.0
中野	766	786	1,552	32.5	44.4	38.5	36	70	106	4.7	8.9	6.8	16.4	23.7	20.6
日貫	225	262	487	47.1	55.0	51.3	10	29	39	4.4	11.1	8.0	9.9	20.7	16.2
日和	202	231	433	40.6	49.3	45.3	14	26	40	6.9	11.3	9.2	17.1	23.4	20.7
矢上	1,066	1,165	2,231	31.0	38.9	35.1	42	119	161	3.9	10.2	7.2	12.8	25.7	20.3

※認定者数は、65歳以上の要介護・要支援認定者。高齢者数当たりの認定率は、65歳以上の介護保険の被保険者中の認定率。

地区ごとの「お達者度」と「長生き度」を比べてみる

　本章第1節で述べたように、理想は「お達者で長生き」することです。そこで、地区ごとの「お達者度」と「長生き度」を比べてみましょう。これも、第1節で説明したように、「お達者度」は65歳以上の存命者中、介護認定を受けていない人の割合（＝認定者以外率）を示し、「長生き度」は65歳を100％で出発して各年齢階層の存命者の割合を足し合わせて（＝人口指標）出していきます。

　図4－13と図4－14の男女別一覧表をみると、男性は女性よりも全般的に「お達者度」（＝認定者以外率）が高く、逆に女性は男性よりも全般的に「長生き度」（＝人口指標）が高いことがわかります。地区ごとの「お達者度」「長生き度」には、かなり違いがあります。

　男性について、まず「お達者度」では、1位の日貫地区と12位の布施地区では、12.6％も差が生じています。次に「長生き度」では、1位の高原地区と12位の日貫地区では、20ポイントも差が開いています。

　女性についても、「お達者度」では、1位の日貫地区と12位の市木地区では、13.5％も差が生じています。次に「長生き度」では、1位の田所地区と12位の布施地区では、21ポイントも差が開いています。

　一見さほど変わらないように見える邑南町各地区の居住環境ですが、「お達者度」や「長生き度」にこれだけの差が存在していることは驚きであり、今後、その要因解明が求められるところです。

図4－13　邑南町の地区別人口指標と認定者以外率──65歳以上の男性（2017年度）

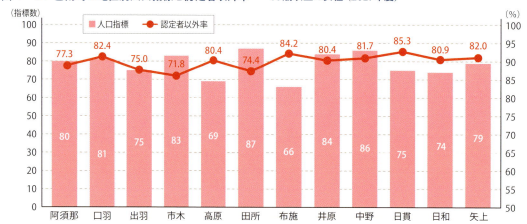

図4－14　邑南町の地区別人口指標と認定者以外率──65歳以上の女性（2017年度）

6 地区ごとの介護費用を比較する
── 全国と比べて実質的にどれだけ高いか、低いか

地区ごとの介護費用の高低は、人口1人当たりの単純平均では正確に把握できません。ここでは、高齢者（65歳以上）1人当たりの介護費用の計算結果を比較したうえで、その地域の「お達者度」「長生き度」が正確に反映される介護費用の本格的な比較分析の手法を紹介します。

高齢者1人当たりの介護費用で比べてみる

まず、高齢化率の違いによるバイアスを少しでも避けるため、高齢者に限定して1人当たりの介護費用を算出し、比較してみます。ただし、この場合も、高齢者のなかでの年齢構成の違いによる影響は、完全には除去できません。一般的には、認定率が高まる80代後半以降の人口比が高いと介護費用の平均値は上がっていく場合が多いといえます。

図4－15は、各地区の男性高齢者について、認定者1人当たりと該当人口1人当たりの介護費用を比較したものです。まず、認定者1人当たりの平均介護費用には、一番高い市木地区の201万円から一番低い阿須那地区の128万円まで大きな開きがあります。この違いは、主に平均介護度の差から生まれます。次に、高齢者人口1人当たりの平均介護費用は、一番高い布施地区の47万円から一番低い阿須那地区の16万円まで、実に3倍近い開きがあります。

図4－16は、各地区の女性高齢者についての比較です。認定者1人当たりの平均介護費用は、一番高い中野地区の187万円から一番低い布施地区の122万円まで大きな開きがあります。高齢者人口1人当たりの平均介護費用は、一番高い市木地区の63万円から一番低い布施地区の25万円まで、2倍以上の開

図4－15　邑南町の地区別介護費用──65歳以上の男性（2017年度）

きがあります。

　以上の分析からも、想像以上に地区間で大きな差があることがわかります。

図4-16　邑南町の地区別介護費用──65歳以上の女性（2017年度）

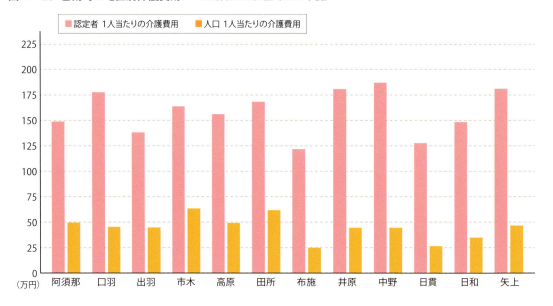

全国平均と比べてどれだけ高いか低いか出してみる

　介護費用の比較分析の「真打ち」は、地区ごとの年齢構成の違いに左右されない次のような分析手法です。

　まず、それぞれの地区の年齢構成に、厚生労働省から発表される全国平均の当該年齢層の介護認定率と介護度と介護度別平均費用を当てはめて、全国並みの介護費用を算出します。次に、その地区の実際の介護費用を地区の介護認定率と介護度そして全国平均の介護度別平均費用で計算して比較すると、全国と比べて介護費用が実質的に高いか低いかが、正確に算出できます。この方法をとると、地域の「お達者度」「長生き度」を忠実に反映した数値となります（詳しくは、84頁のコラム参照）。

　図4-17は、各地区の男女別の差額総額の比較です。邑南町全体を通して全国平均を大きく下回っている地区が大半です。1位の阿須那地区は、男女合計で年間4,737万円も全国平均を下回っています。

阿須那地区の人口は771人ですから、1人当たりでは6万円以上となります。

　図4-18は、各地区の人口1人当たりの全国平均との差額の比較です。男性は、阿須那地区が1人16万円とトップです。女性のトップは、布施地区の1人23万円となっています。

　このように、全国平均との実質的な差額計算をしてみても、やはり地区間には大きな差があります。そうした差が生じていることをけっしてネガティブにとらえるべきではありません。むしろ、先んじて介護費用を減額させている地区がどんな取り組みをしているのか、その手法やノウハウを解明し、地区を超えて共有していくことで、自治体全体の「お達者度」「長生き度」が改善していく確かなステップとなり得るのです。

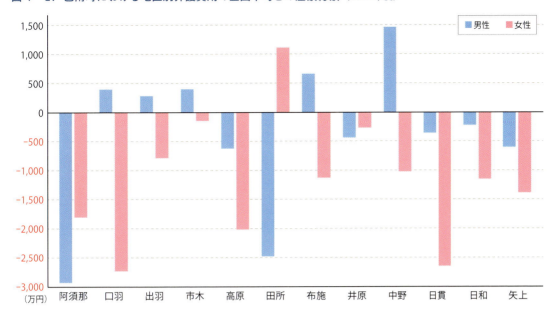

図4−17 邑南町における地区別介護費用の全国平均との差額総額（2017年度）

図4−18 邑南町における地区別介護費用の全国平均との1人当たり差額（2017年度）

ここがポイント！

全国平均と比べて実質的に介護費用を低く抑えるには、「お達者」で「長生き」し、なおかつ介護を受けるようになってもその介護度が低いという3条件をできるだけそろえることが大切です。

介護費用が実質的に低い地区を調べてみる
── どの要因、どの世代が決め手となっているか

自治体のなかで、介護費用を実質的に大きく減額させている地区について、どんな要因やどこの年代が決め手となっているのか、より具体的に調べ、対応する取り組みや背景を見出していきましょう。

男性トップの阿須那地区

ここまでみてきた邑南町を例に説明すると、男性で一番、1人当たり介護費用を実質的に低く抑えているのは、阿須那地区です。

阿須那地区男性の介護認定率は、すべての年齢階層で全国を下回っています。なかでも特筆すべきは、90代以上の認定率が、26.3％と全国平均63.9％の半分以下となっていることです（図4-19）。

介護認定者の平均介護度についても、70代後半を除き、軒並み全国平均より低くなっています（図4-20）。70代後半についても、認定率が全国平均11.4％よりもかなり低い7.4％となっているため、平均介護の高さが相殺されます。

このような認定率や平均介護度を総合化して算出した阿須那地区の年齢階層別1人当たり介護費用は、全世代において全国平均を下回っており、特に90代以上では、その差額は65万円にも達しています（図4-21）。こうした男性高齢者の「お達者」の秘訣を地区でヒアリングしてみたところ、農林業を中心に「生涯現役」の方が多いとのことで、そこにひとつの秘訣があると思われます。

女性トップの布施地区

同じく邑南町の女性を分析すると、女性で一番、1人当たりの介護費用を低く抑えているのは、布施地区です。

布施地区の女性の認定率は、70代前半と80代後半を除き、全国を下回っています。特に、70代後半の認定率は0％です。また、90代以上の認定率は、57.1％と全国平均80.8％を20％以上も下回っています（図4-22）。

認定者の平均介護度についても、90代以上を除き、大きく全国平均を下回っています（図4-23）。70代後半は認定者が0だけに当然0となっており、他の年代も、軒並み全国平均の半分以下となっています。そして、90代以上においても、すでに述べたように認定率が全国平均よりもかなり低くなっているため、平均介護度の高さが相殺されます。

このように認定率や平均介護度を総合化して算出した年齢階層別の1人当たり介護費用は、唯一70代前半を除いて、全国平均を下回っており、80代後半では、その差額は54万円にも達しています（図4-24）。

布施地区では、地域の女性を中心に、食のボランティアグループ「銭宝まんま」が2016年に結成され、社会福祉協議会と連携して「いきいきサロン」を開催するなど、小規模な地域であることを活かした地域のつながりづくりが盛んに展開されています。

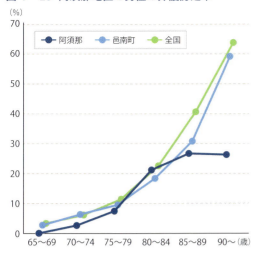

図4−19 阿須那地区の男性の介護認定率

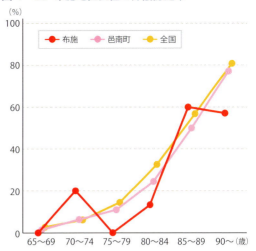

図4−22 布施地区女性の介護認定率

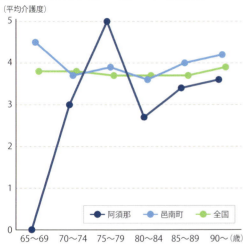

図4−20 阿須那地区の男性の平均介護度（認定者）

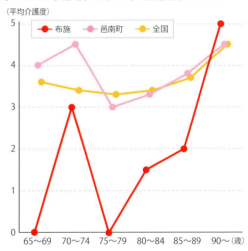

図4−23 布施地区女性の平均介護度（認定者）

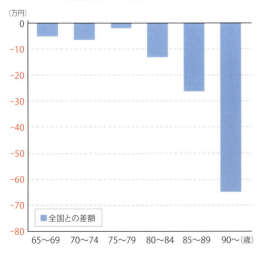

図4−21 阿須那地区男性の年齢階層別1人当たり介護費用の全国平均との差額

図4−24 布施地区女性の年齢階層別1人当たり介護費用の全国平均との差額

※図4−19〜24すべて2017年度

| 第 4 章 　　　　　地域介護分析の手法──地域別「お達者度」をもとに介護費用を分析する | 8 3

column

地域の介護費用を正しく比較するために

　本シリーズの『「循環型経済」をつくる』のなかでも解説しましたが、ある地域の介護費用が他地域に比べて高いのか、低いのかを正しく計算するには、単純に1人当たりの介護の平均費用を出すだけでは不十分です。一般的には高齢化が進んだ地域のほうが介護費用は多くなりますから。また、このような単純な平均では、性別・年代によって実質的にどこが良くてどこが悪いのかもわかりません。

　そこで地域の介護費用の実質的な比較分析をするために、次のような仕組みを考えました（図4-25）。最初に、全国の自治体の保健関係部署で入手できる介護保険データと住民基本台帳の対象地区分を用意します。次に対象地区について実際の介護費用を、男女5歳刻みの年齢階層別の介護認定率・介護度割合（要支援2段階、要介護5段階の計7段階）と各段階の平均費用を組み合わせて計算します。

　一方、男女年齢階層別の介護認定率・介護度割合と各段階の平均費用については、全国平均値が出ていますので、これを対象地域の男女・年齢別の居住人口と組み合わせると、全国と同じ介護認定率・介護度割合となったときの介護費用が出ます。この二つの介護費用の総額や1人平均額を出すと、初めて同じ土俵でその地区として全国比で介護費用が高いのか低いのかがわかるのです。

図4-25　地域の介護費用の多寡を正しく比較する仕組み

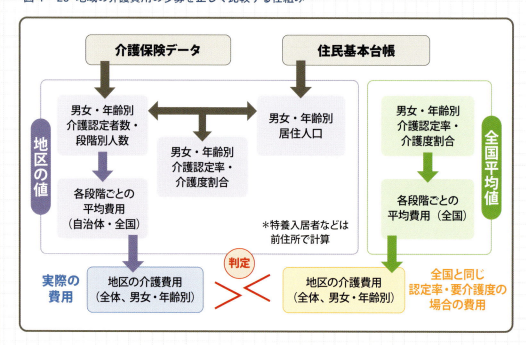

第 **5** 章

田園回帰の最前線を訪ねて

縁辺の町や村で何が起きているか

この章では、2010年代前半において顕著となった離島や山村への田園回帰の現場を訪ね、そこで何が起きているのか、自治体の人口分析とともに明らかにしていきます。南は九州・鹿児島の離島・十島村から、四国・高知の山村・大川村、そして北海道の中央部の下川町、三つの縁辺の村と町の果敢なチャレンジを見てください。

1 十島村（鹿児島県）
—— 小さな島が連なる村が人口増加率全国のトップ

いま、鹿児島県の十島村（としまむら）に全国の注目が集まっています。小さな島が連なるその村に、子育て世代が次々と定住しているのです。その結果、2010年代前半における人口増加率は、全国の過疎指定市町村中トップになりました。十島村への田園回帰をデータとルポから追ってみます。

人口動態は「四冠王」—— 全国過疎指定市町村で1位を独占

十島村は、2010年代前半において、全国の過疎指定市町村中、人口増加率・4歳以下増加率・30代女性増加率・社会増加率の人口動態4部門で1位となっています。うち2部門では、全市区町村でも1位です。究極の縁辺地域ともいえるこの小さな島々で、何が起こっているのでしょうか。

表5-1 十島村の人口動態（2010～2015年）

人口動態	（％）	順位A	順位B
人口増加率	15.1	❶	❹
4歳以下増加率	362.5	❶	❶
小学生世代増加率	46.9	❷	❸
30代男性増加率	89.5	❷	❷
30代女性増加率	129.4	❶	❶
社会増加率	27.7	❶	❷

※順位Aは過疎指定市町村。順位Bは全市区町村。

図5-1 十島村を構成する島々と人口

※（ ）内は人口。2018年4月。

十島村は、屋久島と奄美大島の間のトカラ列島に位置し、七つの有人島と五つの無人島があります。南北160kmに広がり、人が住む地域としては、「日本一長い村」です。現在の人口は、七つの島に合わせて692人（2018年4月住民基本台帳）。一番人口が多い中之島で159人。一番人口が少ない小宝島は53人です。

週2回のフェリーが本土と島をつなぐ唯一の交通手段です。鹿児島市から一番近い口之島で6時間（200km）、一番遠い宝島で13時間（奄美大島からは3時間）かかります。

役場は、行政区外にあり、十島村行きのフェリーが出る鹿児島港にあります。七つの島には、すべて小中学校（併設）があります。そして、「山海留学生」と

いう村外からの留学制度や村の小学生への海外ホームステイ補助制度をそなえています。医療については、病院はなく、各島に「僻地診療所」があって看護師が常駐し、常勤医師が巡回診療をしています。島の主産業は、温暖な気候を活かした農業・畜産業と好漁場のある漁業です。

十島村の人口は、1955（昭和30）年の2,658人から年々減少し、2010年には一時600人を割り込み、そのころから積極的な定住対策をスタートさせ、人口が増え始めています。

十島村の人口分析 ── すばらしい子育て世代の移住増加

十島村は、2015年国勢調査によれば、人口756人・高齢化率28.4％となっています。2010年がそれぞれ657人・34.1％ですから、この5年間で人口が99人増え、高齢化率は5.7％若返ったことになります。人口の年齢構成をみると（図5-2）、60代前半が一番多くなっていますが、14歳以下の子どもが大勢いることがわかります。また、10代後半が極端に少ないのは、村内に高校がないためです。

2010年から2015年にかけての年齢別増減率をみると、すごい勢いで子育て世帯が転入したことがわかります。たとえば、4歳以下同士を比べると、8人が37人となっています。また、ほぼ小学・中学生に相当する5〜14歳世代は2015年で94人となっています。5年前にこの世代は9歳以下に相当し33人で

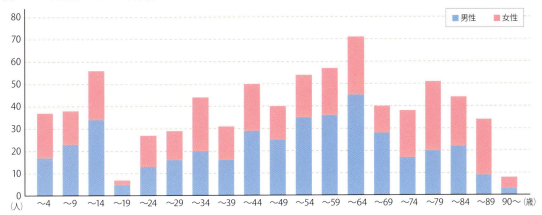

図5-2 十島村の人口の年齢構成（2015年）

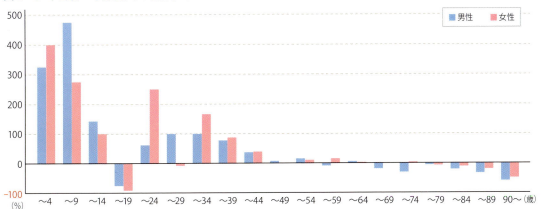

図5-3 十島村の年齢別人口増減率（2010〜2015年）

したから、差し引き61人も転入超過です。また、ほぼ親世代となる30代前半から40代前半にかけての人口は、2010年の72人から2015年には125人まで増え、差し引き53人の転入超過となっています。

　子育て世代を中心とした移住政策の成功により、このように十島村の人口は増え始めています。このまま定住増加のペースが続けば、25年後の2040年には、かつてのピーク人口を超え、2,893人に達します。その後は逆に人口過密にもなりかねないことにも注意が必要です。2020年代からは、どのくらいの人口が社会生活的にも環境容量的にも最適か検討し、人口定常化を展望したらよいと思います。

図5-4　十島村の人口予測（現状推移の場合）

「子育て世代を優先する」徹底した方針

　東シナ海に浮かぶ離島が、国勢調査による社会増加率で全国2位を達成。存続の危機から8年間で実績をあげた人口700人の村は、具体的にどんな対策を行ってきたのでしょうか。ここからは現地ルポ（執筆：甲斐かおり）でみていきます。

　島への交通手段は週2便のフェリーのみ。鹿児島港から一番遠い宝島まで13時間かかる「日本最後の秘境」ともいわれるこの村に、いま、子育て世代のU・Iターン者が増えています。2010〜2017年の8年間で転入者数は255人。未就学児が多い（2018年3月末時点で60人）のが特徴で、保育施設も新設されています。

　そんな十島村も、8年前の2010年頃は、村全体の人口が600人をきり、大きな危機感のなかにありました。2010年から移住対策を開始し、2012年には現・肥後正司村長が「人口激減対策」を第一課題に掲げて村長に就任。本格的な定住対策を進め、すぐに結果が出始めました。

　具体的に、いったいどんな施策が行われてきたのでしょうか。「中途半端なものではなく、思い切った対策が必要だった」と肥後村長は振り返ります。まず

悪石島の港で。子どもたちの姿が目につく

は「地域振興課」を新設し、この下に「定住対策室」を置いて窓口を一本化。ここで「住居の整備」「子育て支援」「就業支援」の3本に力を入れていきます。

住居の面は、まず空き家の改修から着手しました。人の住まなくなった住宅を役場が借り上げ、改修して賃料月5,000円で移住者に提供。これは鹿児島市内の相場の約10分の1ほどです。さらには村営住宅を新築し、単身用（1K〜2DK）は月6,000円、家族用（2DK〜3DK）は8,000円で貸します。毎年数棟ずつ、2016年度までに計24棟が新設されました。

この住宅は、住宅事情に困る人全般を対象としながらも、子育て世代に優先的に斡旋されます。というのも村では、各島にある小中学校がなくなることを最も危惧しているからです。学校がなくなれば教員がいなくなり、さらに子どもが減って人口減少が加速する。「子どもがいなくなる＝島が消滅する危機」という意識があるゆえ子育て世代への支援が手厚くなります。中学生以下の子どもには1人月1万円、1年以上島に居住する要件を満たせば、出産時にも手厚い資金が給付されます。[*1]

表5-2 十島村における移住者呼び込み状況

※2018年3月30日現在

年度	項目	口之島	中之島	平島	諏訪之瀬島	悪石島	小宝島	宝島	計
2010	世帯数	3	2	—	4	—	—	5	14
	人数	3	3	—	6	—	—	14	26
2011	世帯数	4	4	1	3	—	2	5	19
	人数	7	9	1	7	—	2	7	33
2012	世帯数	6	6	2	1	—	—	5	20
	人数	9	11	8	3	—	—	5	36
2013	世帯数	6	1	3	5	3	2	—	20
	人数	11	3	3	11	3	2	—	33
2014	世帯数	3	6	3	2	3	3	4	24
	人数	4	15	7	4	7	4	5	46
2015	世帯数	4	7	2	1	3	1	5	23
	人数	4	12	2	1	5	2	6	32
2016	世帯数	6	5	2	3	3	1	2	22
	人数	6	11	2	5	4	2	4	34
2017	世帯数	3	3	5	1	1	1	6	20
	人数	6	6	6	1	4	1	7	31
計	世帯数	35	34	18	20	13	10	32	162
	人数	50	69	29	38	24	13	48	271

※教職員、留学生除く。

島民を師匠として、漁師になれる島

移住者にとってこうした子育て支援は大きな魅力ですが、仕事がなければ移住はできません。村の主産業は農業、漁業、畜産業。農業ではトカラビワや島バナナ、島らっきょうの生産、漁業ではトビウオの刺し網漁やカツオやサワラなどの中・大型魚を対象とした漁が行われています。

移住者には1次産業の初心者も多いため、島民自らが師匠になって農業や漁業を教える「指導者制度」があるのが、ユニークな点です。指導者にも4,000〜

5,000円の日当が支給されます。

加えて、大きいのが就業育成奨励金です。単身者で1日5,000〜7,000円、夫婦で1日8,000〜10,000円と生活には困らない額の助成を、最長で5年間（4年目以降は半額）受けられます。はじめの5年間は島に雇ってもらえるようなものです。これで初めての人でも、1次産業に挑戦しやすくなりました。

開始当初は、助成期間が終わると島を出てしまうのではといった懸念もありましたが、いまのところ5

年を満了した全員（2018年3月時点で10組）が定住し続けています。助成期間の途中で島を出る人もいますが、定住率は74.9％と高いのも驚きです。

　その理由として、初めの下見の段階から、島民が移住者と密にコミュニケーションをとり、その人を受け入れるかどうか、支援を継続するかなど、適宜判断をしていることが挙げられます。

　村では各島の協力を得るために、全島に「定住プロジェクトチーム」を発足させました。これは自治会長、地元の議員や出張員などで構成される4〜5名のチームで、このメンバーが移住希望者の下見案内や生活相談、産業相談に対応します。

　移住希望者全員に、最低一度は島を下見に訪れることを義務づけています。その際に、島民と面談をし、島での暮らしや共同作業を知ってもらうと同時に、その人が島でやっていけそうかどうかを島民の側にも見極めてもらうようにしているのです。移住後も、2年目の終わりに3年目以降の給付を継続するか、移住者と島民の面談のうえで審査が行われます。

　島で暮らすには、稼ぐ仕事だけでなく船の荷役や祭りの参加など共同作業も多く、移住者も当然そうした役をひとりの島民として担います。制度が始まって以来、島民による審査を通らなかった人はひとりもいませんが、島の人たちが移住者の状況を把握し

悪石島のIターン者で最年少の西澤慶彦さん（21歳）。
島らっきょうの生産など農業に携わる

Iターン者がつくっている
スナップえんどう

サワラの薫製

悪石島のお世話役であり、
漁業の指導者でもある有川和則さん（66歳）

師匠と弟子の関係。
悪石島のつなぎで

にんにくやらっきょうを育てている
悪石島のハウス

てサポートする体制が整っていることは、定着率の高さに影響しているでしょう。

離島は、海で隔てられているぶん閉鎖的な傾向が強いといわれます。その島が積極的に移住者を受け入れるようになった背景には大きな危機感がありました。十島村には1970年代までもうひとつ、臥蛇島といわれる有人島がありましたが、人口が13人に減った結果、島側から船のロープを引く人が足りなくなり、全員が島を退去せざるを得なくなったのです。そ

週2回、船で届いた荷物を、島民総出で仕分けする。悪石島の港で

れ以来、「第二の臥蛇島を出してはならない」という信念が村の人々の心に深く刻まれたのだといいます。

保育料ゼロ。東シナ海の真ん中で、のびのび子育てする

この項では、実際に十島村に移住した方からうかがった、移住のきっかけやその後の生活について紹介します。

鎌倉秀成さん（38歳）、今日子さん（33歳）夫妻は2016年に高知県のいの町から悪石島へ移住。1歳2ヵ月になる長男帆汰くんと3人で村営住宅に暮らしています。秀成さんが勤めていた会社が立ち行かなくなったのがきっかけで、島への移住を考えるようになりました。

「高知のなかでも自分が暮らしていた町はわりとにぎやかな地域でした。会社勤めだったので、毎日仕事と休みの繰り返しで、これが一生続くのかな……と

閉塞感を感じていました」。もともと島暮らしに憧れがあり、調べるなかで子育て支援が手厚い十島村を知って、下見に訪れます。東京生まれの今日子さんも初めは不安だったものの、島を訪れたとき、港に子どもがたくさんいるのを見て、ここなら大丈夫かもしれないと感じたといいます。

実際に暮らしてみると、支援面だけでなく、島の人たちみんなで子どもを可愛がってくれている実感があると話します。「島外の病院で子どもを産んで戻ったとき、みんながおめでとうと書いた横断幕で迎えてくれたり。うれしかったですね」。近所のお年寄りも小学生も頻繁に赤ちゃんの顔を見に訪れます。1歳になる誕生日にはみんながおめでとうと声をかけてくれました。

悪石島にはここ数年で乳幼児が増えており、2017年には保育園が新設されました。保育料の住民負担額はゼロ。むろん待機児童もゼロです。保育料の高い都会に比べれば、子どもをたくさんほしい夫婦にとっては暮らしやすい環境でしょう。

仕事面では、秀成さんは就業育成奨励金をもらいながら、漁業と農業の両立を目指しています。「ほかの地域では、素人が漁師になりたいと思ってもなかなか入り口がないんです。ここでは島の人が船に乗せてくれて、釣れるポイントを教えてくれます。ただ自分で試行錯誤しないとコツが得られないので、最

鎌倉秀成さん、今日子さんと長男の帆汰くん。村営住宅の前で

近自分でも船を買いました」

　まだ稼ぎは安定しておらず、これで生計が立てられるという手応えまでは得られていませんが、自分の釣った魚がいくらで売れたという明細書が送られてくると、自分の手で稼いだ実感があるといいます。

　想像していたより物価が高いことや、鹿児島市の病院へ出るだけで出費がかさむなどの不便さもあります。ですが会社員だったらまず難しかっただろう、子どもと長く一緒にいられることや、好きな釣を仕事にできていることが気に入っていると話していました。

　悪石島には他にも、20代で農業に従事する独身の若者や、元外資系企業の営業マンでスナップえんどうの生産を軌道にのせた50代の男性など、さまざまな人たちが集まっています。

課題とこれからの展望 —— 限りある資源のなかで、人口バランスをとる

　十島村の定住対策の主な財源は、過疎債です。全島で700人前後の小規模自治体だから一人ひとりにここまでの支援ができると、肥後村長は語ります。「1万人規模の町では財政がもたないでしょう。水や敷地など、島の資源には限りがあるので、むやみに人を入れるわけにはいかないのが島の実情です」

　実際、移住希望者が増えたおかげで、いま十島村では住宅不足に悩まされています。新築物件を建てるにも敷地が足りないのです。

　その一方で、島には高校がなく、中学を卒業すると同時に子どもたちは島外へ出るため、そのぶん黙っていても人口は減ります。加えて、自然減もあります。むやみに人を増やすことはできないけれど、20人も減ると島の存続すら危うくなるという微妙な舵取りの難しさが十島村にはあります。

　だからといって、七つの島のどこかを閉鎖して他の島と統合しようという考えはありえないと村長は話します。行政区分ではひとつの村であっても、各島がそれぞれ異なる文化や言葉、歴史をもつ固有の島々。「どんなに小さな島でもそれぞれを守っていくことがわれわれの使命だと思っている」と話されていました。

　今後は、1次産業だけでは雇用に限界があるため、保育施設や郵便局、発電所などを新設し、新たな雇用を生んでいく予定です。一軒も店がない島も多いため、村営の日用品店をつくることも検討中。その働き手として、若者だけでなく、60代のシニア層にも目を向け始めています。十島村出身者による「ふるさと会」を関東と関西に立ち上げ、年に一度親睦会を始めました。定年後に仕事があれば島へ戻りたいという人も少なくなく、すでに60代の女性で郵便局の職員として島へ戻った人もいます。

　小さい規模ならではの思い切った政策と、行政による舵取り、島民を主体とする受け入れ体制が、いまの人口増加率につながっているのです。

十島村の肥後正司村長

（現地ルポ執筆：甲斐かおり）

ここがポイント！

移住者への手厚い生活支援と1次産業に就きやすい指導者制度を置いたことが、大きな特徴。指導者は仕事だけでなく生活面でも世話役として移住者にとって頼れる存在です。制度があるだけでなく、島民のあたたかな受け入れ姿勢が移住者にも伝わっているようです。

＊1：定住促進生活資金交付金。出生第1子に30万円、第2子40万円、第3子50万円、第4子100万円／中学生以下の者1人につき月額1万円、中学生以下の者3人目以降は月額1万円を加算。

2 大川村（高知県）
——島以外では全国最小の山村が大きな社会増

高知県の山間部、愛媛県境に接した大川村は、島しょ部を除いては、全国最小の村です。この村が、2010年代前半、過疎指定市町村では、島しょ部を除いて、最も高い社会増加率を達成しています。この山深い小さな村にどうやって人を呼び込んでいるのでしょうか。

中国・四国地方でNo.1の人口増加が見込まれる村

大川村の人口は396人（2015年国勢調査）。2010年と2015年の国勢調査を比較すると、大川村は、7.1％の社会増を実現しています。これは、過疎指定市町村のなかで7位であり、大川村よりも上位の市町村はすべて島しょ部となっています。また、この5年間の人口動態が続けば、2045年までの30年間で人口増加率は60.3％と予測されます。これは、過疎指定市町村のなかで8位に当たり、やはり大川村よりも上位の市町村はすべて島しょ部となっています。そして、中国・四国地方では、都市部も含めて今後30年で最も高い人口増加率が見込まれています。

図5-5 大川村の位置

若年層の男性を中心に大幅な転入超過

2015年の大川村の高齢化率は、43.2％。そのうち、75歳以上の後期高齢者が31.1％とおよそ3分の1を占め、一番多い年齢層は、80代前半となっています（図5-6）。

2010〜2015年の5年間の年齢別の人口増減率をみると（図5-7）、20代と10代前半において、男性を中心に大幅な転入超過となっています。20代についてみると、2015年時点で33名が居住しています。5年前の5歳若い15〜24歳は、17人しかいませんから、差し引き16人の転入超過で、ほぼ倍増していることがわかります。

このまま続けば、将来は人口倍増へ

このような若年層を中心とした転入超過が今後も続けば、大川村の人口は、10年後からは増加に転じ、2060年には現在の倍以上の832人にまで達します。また、高齢化率は、すでに低下が始まっています。将

図5-6 大川村の人口の年齢構成（2015年）

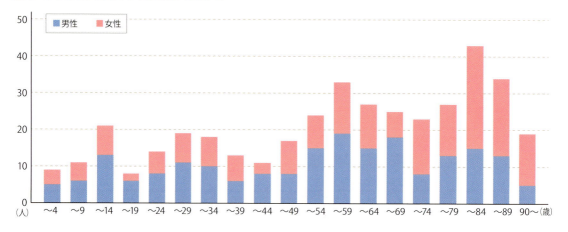

図5-7 大川村の年齢別人口増減率（2010～2015年）

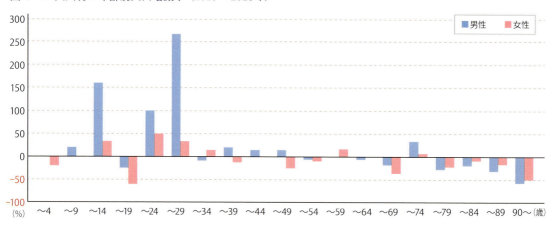

来的には、10％未満まで下がることが予想されています（図5-8）。

つまり、総人口や高齢化率からみると、すでに大川村は大きな成果をあげているわけです。

ただ、注意したいのは、人口は多ければ多いほどよい、高齢化率は下がれば下がるほどよいというものではありません。

人口は、その地域の自然の環境容量や産業の扶養力に対応した水準があるはずです。年齢や男女のバランスがとれていることも大切です。

大川村では、この5年間の流入人口が20代中心だったこともあって、まだその影響が少子化傾向を完全に覆すまでには至っていません。図5-9に示したように、あとで述べる山村留学制度の成果もあって、小中学生数は少し回復し、しばらくは安定基調になっているものの、超長期でみるとまだ安定には至っていません（図5-9）。

また、近年の定住者は、男性が多いこともあって、このままの比率で進むと、将来的には男女バランスが大きく偏ることが懸念されます。

したがって、自治体の人口分析や予測においては、単に全体としての人口や高齢化率だけでなく、その年齢構成や男女比も含めた総合的な診断を実施し、適切な「処方箋」の書き換えを継続的に行うことが大切です。大川村を例にとれば、すでに人口総数の安定や高齢化の歯止めには目途がつきつつありますので、今後は子育て層の女性の定住に焦点を当てた定住政策が求められます。

そして、人口規模が小さな自治体や地域では──そうしたところこそ、これからの定住を受けとめる基

本的な「土俵」なのですが——年ごとの1世帯の定住の増減が地域人口の将来的な安定を大きく左右します。1世帯ごとの定住の重みと手応えを地域ぐるみで共有するためにも、毎年の人口分析と予測の更新を続けてほしいと思います。

次に、このような大幅な社会増が実現した大川村の背景をみていきます。

図5-8 大川村の人口予測（2015〜2060年）

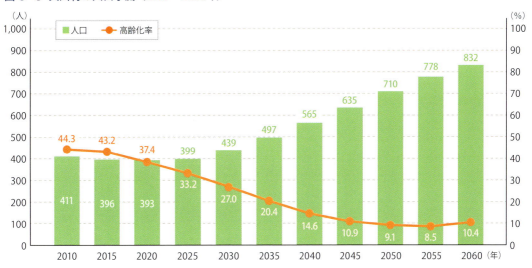

図5-9 大川村の小中学生数の人口予測（2015〜2060年）

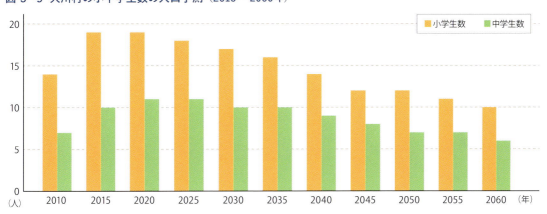

国全体の地方創生の前から具体的な人口安定戦略を始動

「大川村まち・ひと・しごと創生総合戦略」は、表5-3のように、新規就業について分野ごとに細かな数値目標が立ててあります。

実は、このような具体的な目標設定は、国の地方創生によって始まったわけではありません。2010年国勢調査でかつて4,000人を超えていた人口が411人まで減少したことを契機に、村の存続のために

表5-3 大川村の新規就業等の目標数値（2015〜2019年度）

部門	新規就業者数（人）
農業（花卉・野菜）	3
畜産（地鶏、肉牛）	15
林業（森林組合、自伐）	3
集落活動センター	8
山村留学者数（年間）	15

400人を守るという固い決意のもと、2012年度からこのような部門ごとの明確な目標をかかげて、地道な取り組みを継続してきました。

それから３年後の国勢調査に現れた大幅な社会増は、まさにこうした各部門の人口取り戻しの積み重ねの成果だったのです。大川村の取り組みをみると、けっして外部からの「借り物」ではなく、急峻な地形でも展開できる地元の特色と資源を活かしたものであることがわかります。

また、「集落活動センター」とは、高知県が中山間地域対策の柱として進めている「小さな拠点」のことです。大川村では、「大川村集落活動センター　結いの里」と名づけ、それまで村外から運んでいた学校給食をはじめ、高齢者への配食サービス、特産品の販売、村内の生活支援、村外への観光交流情報の発信など、分野を横断した合わせ技の取り組みを、集落支援員も配置して展開しています。高知県庁では、このような大川村の人口維持へのチャレンジを「大川村プロジェクト」と名づけ、専任の職員を現地に配置して全面的に支援しています。

2015年以降も、大川村の人口を守る挑戦は続いています。2018年５月、最新の住民基本台帳データにより、その後の人口動態を分析してみました（図５-10）。若年層を中心とした定住の増加は続いており、特に４歳以下の乳幼児の数が増え始めていることが注目されます。村の人口も403人（2018年８月31日）と目標の400人台をキープしているところです。

大川村集落活動センター　結いの里

図５-10　大川村の年齢別人口増減率（2013～2018年）

ここがポイント！

大川村では、国の地方創生が始まる前から、部門ごとに具体的な目標数字を設定し、着実な人口取り戻しを継続してきたことが、結果として大きな人口増加の見通しにつながっています。

3 下川町（北海道）
——最も寒い町が、最も暖かく、人を呼び込む

寒さの厳しい時期には零下30度になることもある北海道の下川町。日本で最も寒い町と呼ばれる町が、日本の先頭を切って持続可能な町づくりを進めるなかで、着実に人口を取り戻しています。

未来は変えることができる！

まずは、下川町についての人口予測のグラフを三つみてみましょう。

まず、図5-12は、2005年から2010年にかけての人口動態をもとにした予測です。2010年に3,775人だった人口は、2060年には4分の1以下の866人まで減っていきます（減少率77.1％）。高齢化率も上がり続け、2010年の36.5％が2060年には57.6％まで上昇します。

次に、図5-13は、5年下って、2010年から2015年にかけての人口動態をもとにした予測です。2060年の予測値は1,376人まで人口が増えています（2015年と比較して減少率61.2％）。高齢化率は、当初上がり方が緩やかになりますが、最終的には上記と同水準の58.3％まで上昇します。

図5-11 下川町の位置

図5-12 下川町の人口予測（2005～2010年動態）

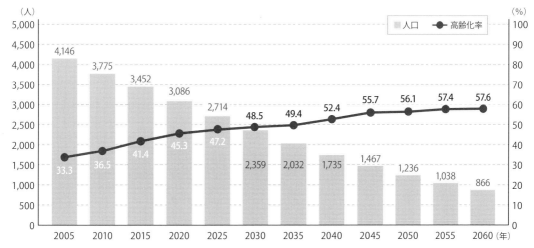

3番目の図5−14は、さらに2年下って、2012年から2017年にかけての人口動態をもとにした予測です。2062年の予測値は人口が1,894人まで増えています（減少率47.5％）。高齢化率は、現在と同じ40％弱で安定を達成しています。

　わずか数年を隔てた年次のデータをもとにした予測結果で、これだけ大きな違いが生み出されます。そして、次第に長期的な人口安定に近づいていく過程が見てとれます。それは、毎年データ更新をして分析を継続する必要を示すとともに、「未来は変えることができる」という勇気がわく根拠にもなるのです。

図 5−13　下川町の人口予測（2010〜2015年動態）

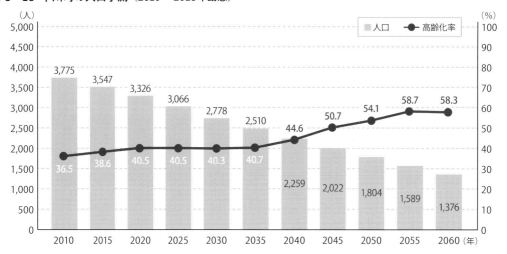

図 5−14　下川町の人口予測（2012〜2017年動態）

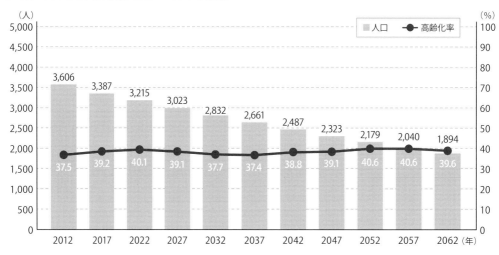

わずか数年で大きく改善できる年齢別増減率＝未来人口の土台

　下川町で、わずか数年で人口予測値が大きく改善したのは、その予測の土台となった年齢別の増減率（コーホート変化率）が大幅に改善したからです。

　まず、2005〜2010年においては、ほとんどすべての世代が転出超過となっています。特に10代後半から20代前半にかけての転出超過と4歳以下の減少が目立ちます（図5−15）。

　ところが、2010〜2015年においては、20代前半

図5-15 下川町の年齢別増減率（2005～2010年動態）

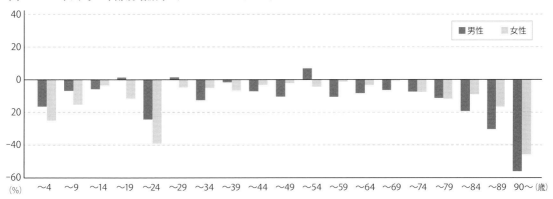

図5-16 下川町の年齢別増減率（2010～2015年動態）

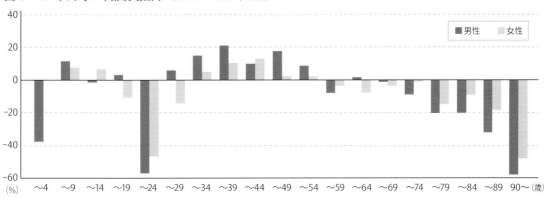

図5-17 下川町の年齢別増減率（2012～2017年動態）

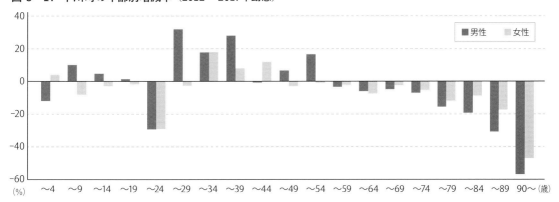

と4歳以下を除く幅広い世代で転入超過が目立つようになります（図5-16）。この多世代一斉の転出超過から転入超過への逆転こそが、社会増を実現し、未来の人口予測を一気に改善させたのです。

そして、2012～2017年となると、20代後半から50代前半にかけての多くの世代で転入超過の度合いが厚みを増すとともに、20代前半と4歳以下の減少幅が小さくなっています（図5-17）。このような定住増加の着実な進行を受けて、総合的な人口安定に必要な定住増加割合（人口比）は、2010年時1.4％、2015年時0.8％、2017年時0.5％と小さくなり、安定に向けて一歩ずつ前進しています。

本物の持続可能性と暖かい暮らしの文化

　旭川から北へ車で2時間のところにある下川町に最初の開拓団がやってきたのは、20世紀が始まった1901年。それから、大正時代には鉄道が通り、昭和には鉱山も開発され、ピーク時の1960年には、町の人口は15,555人に達しました。その後、1980年代に入り、鉱山の休山や名寄本線の廃止などが相次ぎ、町は激しい過疎に見舞われました。その後も、人口流出は続き、2010年には3,775人にまで減少しました。半世紀にわたり過疎に苦しんできた下川町が、2010年代から社会増に転じた背景には、大きく分けて二つあると考えられます。

　第一は、本物の地域循環型の社会を構築しようとしていることです。下川町は、広大な森林に恵まれています。戦後、財政的に余力が乏しいなかでも国有林を買い戻し、森林を60等分し、その60分の1を毎年伐採・再生していくことで永続的な林業経営に乗り出しています。しかも、森林資源は、製材されて木材として使われるだけでなく、バイオマスチップボイラーにより熱供給システムにも使われ、公共施設の暖房や給湯の7割をカバーしています。

　下川町は、こうした循環型社会を先取りする取り組みにより、2011年には国から「環境未来都市」の認定を受け、2017年には「平成29年度第1回ジャパンSDGs（持続可能な開発目標）アワード」の内閣総理大臣賞を受賞しています。

　もうひとつは、ゆったりとして暖かみのある暮らしの文化です。たとえば、最近できたまちおこしセンター「コモレビ」は、地域内外の人々が自然に集い交流するように設計され、地元産の木と床暖房のほんのりとした暖かさに包まれて、心地よい時間が過ごせます。下川町の魅力は、そこかしこの施設や飲食店に、そうした暖かい暮らしの文化を創る意志が感じられ、みんなをつないでいるところなのです。

小学校と病院用のバイオマスチップボイラー

まちおこしセンター「コモレビ」。地元産木材がふんだんに使われた建物内部は暖かみがあり、心地よい

ここがポイント！

　下川町は、高い志に支えられた本物の循環の仕組みをつくるとともに、日々の暮らしを暖かく楽しいものにする意志が共有されているところが大勢の人々を引きつけています。

第**6**章

地域人口ビジョンの
取り組み

定住推進ワークショップと
地区別戦略の実例

この章では、それぞれの地元で地域人口ビジョンを考えて
いくうえで参考になるワークショップと地区別戦略の取り
組みを紹介します。いずれもポイントは、地域住民の主体
的なかかわりです。当然ながら、地域に人口を取り戻すた
めには、住民自らが本気にならないといけません。

本来、地元のことは、そこで暮らす住民が一番知っている
はずです。住民自らが人口診断や定住戦略を試みるワー
クショップの実例と、地元ごとの「地区別戦略」を12地区
の連携型で進めている事例を取り上げます。

1 住民自ら、「これならできる」定住目標を決める
―――「定住推進ワークショップ」第1段階

私（藤山）と鹿児島県農村振興課は、2016年度から共同で「かごしま農村創生塾」と称し、地区の地域リーダーを中心にそれぞれの地元の「地域人口ビジョン」を試作するワークショップ型の研修会を開催しています。その概要と第1段階としての人口診断・定住目標設定の取り組みを紹介します。

定住推進ワークショップの流れ

「かごしま農村創生塾」は、いままでにない地域住民を主人公とした実践的な定住推進ワークショップにチャレンジしています。その全体の流れを表6−1に示します。

このワークショップは事前の準備が大切で、当日すぐに分析やグループワークに取りかかれるように、あらかじめ各地区の人口データを収集し、分析プログラムにセットしておき、後半の「地元天気図」のグループワークにそなえて、必要なパーツやシートも印刷しておきます。

ワークショップでは、第1部として、私が研修の各パートの導入・説明も兼ねて、人口分析事例や実際に定住増加に成功した取り組み例などを講演します。第2部は、地域ごとに人口を安定化させるために必要な定住増加目標を割り出す演習です。そして第3部では、実際に目標とする定住増加を実現するために必要な地元のつなぎ直しを、「天気図」風の地元関係図をつくりながら検討します。

表6−1 定住推進ワークショップの流れ ―― 「かごしま農村創生塾」の場合

ステージ		内容	取り組み
事前		準備 （主催者：ここでは鹿児島県）	地区選定→人口データ集約→分析プログラムへのセット 「地元天気図」ワークショップのシート、パーツ印刷
1日目 午後	第1部	オリエンテーション：20分 講演（藤山）：45分	地域人口分析の事例、農村の地域資源を活用した定住推進の具体策（組織・人・資金づくりなど）を全国事例もまじえて紹介。研修の各パートの導入・説明も兼ねる
	第2部	地区人口分析演習：90分 成果発表、まとめ：30分 ＊コンピュータールームで実施 ＊終了後、情報交換交流会	＊パソコン操作の補助（市町村、地域振興局） ① 分析プログラムの仕組み説明 ② データ入力 ③ 現状分析（年齢階層別人口の増減の原因などを集約） ④ 将来予測（現状のまま推移する場合） ⑤ 人口安定化シナリオ（各世代で何組・何人の定住を増加させればよいか、各地区で実現可能と思われる組み合わせを検討） ⑥ 成果発表、まとめ
2日目 午前	第3部	「地元天気図」演習：120分 成果発表、まとめ：60分	＊事前に各地区の組織や事業体、グループをリストアップし、貼り付け用パーツに印刷。「地元天気図」の下地となるシートも印刷 ①「地元天気図」現状課題編：第2部の重点的な定住増加目標（30代子連れなど）を実現するために、地区で強みとなっていること、弱みとなっていること、つながりが不足していることを集約 ②「地元天気図」課題解決編：①の課題を解決する地域ぐるみのつなぎ直しをできるだけ具体的に「天気図」上に表現 ③ 成果発表、まとめ
事後		各地区での取り組みへ	地区ごとに持ち帰り、地域全体で検討・活用へ

「これならできる」と思える定住増加目標にたどり着く

地区ごとの人口分析演習には、第１章で紹介した「地域人口分析・予測シミュレーションシステム」研修用に簡易化した分析プログラムを使います。エクセルに慣れていない地域住民には、市町村職員や県職員がサポートし、数字の意味合いを理解しながら進めます。

まず、現状や課題そして今後の推移をわかりやすいグラフで確かめ、その要因を考えます。そして、人口安定化のためには実際にどのくらいの定住を増加させればよいか、地区ごとに「これならできる」と思われる組み合わせを打ち込んで、試していきます。プログラムは、数字を入れれば瞬時にグラフなどが変化して結果を映し出すようにつくられているので、何度でもチャレンジできます。

そうやってたどり着いた地区ごとの定住推進の目標を表６−２に示しました。出生率や転出率の改善とも組み合わせ、年代ごとの組数にもアクセントをつけて工夫されていることがわかります。このような具体的な目標なくしては、具体的な取り組みを始めることはできません。

地区人口の現状分析を発表する

表６−２ 各地区の人口安定化に向けた定住増加などの目標一覧──「かごしま農村創生塾」の場合（2017年）

地区名	人口（人）／高齢化率（%）	30代子連れ夫婦定住増加（組）	20代男女定住増加（組）	60代夫婦定住増加（組）	合計人数（人）／人口比（%）	出生率改善（%）	10代後半〜20代前半転出率変化・男性（%）	10代後半〜20代前半転出率変化・女性（%）
さつま町柏原	2,336／41.4	6.0	3.0	4.0	32／1.4	2.08→2.08	51→51	67→50
鹿屋市西祓川	860／34.4	3.0	2.0	1.0	15／1.7	1.65→1.65	32→27	28→25
鹿児島市四元	356／48.9	1.0	0.5	1.5	6.5／1.8	1.00→1.60	56→40	13→13
西之表市古田	396／42.4	1.5	0	1.0	6.5／1.6	1.17→1.50	43→100	33→100
東串良町新川西	785／45.4	1.1	0.5	1.8	7.9／1.0	1.46→1.60	17→17	14→14
霧島市佳例川	619／49.6	1.8	1.0	2.0	11.4／1.8	1.28→2.00	82→60	56→40
龍郷町秋名	364／49.5	1.0	1.0	2.0	9／2.5	3.14→3.14	83→50	0→21

ここがポイント！

地区ごとの課題・可能性にきめ細かく対応することが大事です。たとえば、龍郷町の秋名地区は、出生率が高く定年帰郷もある現状をふまえ、これなら何とかできる組み合わせを工夫しています。

2 定住を受けとめる地区の現状を「天気図」で診断 ——「定住推進ワークショップ」第2段階

地区ごとの定住増加目標を見出したあとは、そうした定住を新たに受けとめる地区の現状、課題、可能性を診断していきます。地区ぐるみの取り組みが必要ですから、誰もがわかりやすく、何が強みでどこが弱みなのか、共有できる手法が大切となります。

定住推進に向けての地元の強み・弱みを「天気図」にまとめる

　最近は、人口減少への懸念も高まり、全国各地でいかに新規の定住を呼び込むかというワークショップもさかんに行われるようになっています。しかし、そのほとんどは、模造紙に地区の「良いところ・悪いところ」などを付箋紙に書いて貼っていく従来型の手法にとどまっています。定住推進の取り組みは、地区ぐるみで住民みんなの意識と力を合わせて行うことが大切です。定住推進に向けて、誰もが直感的に地区全体を見通した課題や可能性、そして改善の方向を共有できるやり方はないものでしょうか。

　このような思いから、「地元天気図」というワークショップ手法を考案してみました。この鹿児島県の「かごしま農村創生塾」が適用第1号です（2016年8月）。下の写真は、その作成例で、定住推進に向けて地元の強み、弱み、連携不足を「天気図」風にまとめていきます。

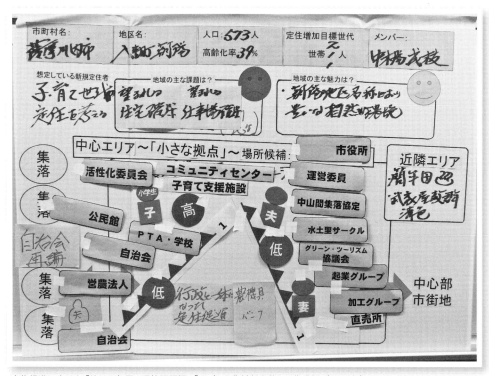

定住推進に向けた「地元天気図」現状課題編、「かごしま農村創生塾」の作成例（2016年）

「地元天気図」ワークショップの流れ —— 現状診断編

①事前の準備

「地元天気図」は、主催者による事前の準備が大切です。あらかじめ地域でヒアリングを行い、主要な組織、施設、活動は色分けした「パーツ」として印刷しておきます。下地の模造紙にも大まかな枠を入れておきます。これで、当日はかなりの時間節約となります。

②「天気図」を組み立てる

基本的に、地域内の暮らしや産業を支える組織、施設、活動をお互いの関係がわかるように並べていきます。その際、定住増加の主な対象世代（たとえば、30代子連れ夫婦など）を念頭に、彼らが実際に定住を進めるとしたら、現在の地域で、何が「強み」あるいは「弱み」になるだろうか、あるいは連携すればよいところはないだろうかとグループ内で話し合います。そして、「強み」となるところには「高気圧」のマークを、「弱み」となっているところには「低気圧」のマークをつけます。そして、連携不足の組織や拠点の間には「寒冷前線」のマークを入れます。

このように作業していくと、地域全体を見渡したうえで、定住推進のために、どこを伸ばし、どこを改善し、どこをつなぎ直せばよいか、みんながわかりやすく共有できます。たとえば、豊かな自然環境を活かした子育て支援施設があれば、そこは「高気圧」です。妻の職場や夫を雇用する体制に問題があれば、そこは「低気圧」です。農業の生産現場と産直や加工部門との連携が不足していれば、その間に「寒冷前線」を置くのです。それぞれのパーツやマークは、移動可能なシートになっていますから、いくらでも並べ替えができます。そして、議論がまとまったところで、テープで仮留めします。

「天気図」パーツを受け取る

「天気図」を組み立てる

ここがポイント！

「地元天気図」の現状診断編がまとまったところで、一度写真に撮っておきます。後半のワークショップではそれを並べ替え、最後の発表で組み替えが比較できるようにします。

3 定住を実現していく地域の進化形を「天気図」に──「定住推進ワークショップ」第3段階

現状診断の「天気図」で明らかになった地元の可能性、課題、連携が必要な箇所をもとに、実際に定住を実現していく地域の進化形を、「天気図」を組み替えて検討し、みんなで発表します。

地域全体のつなぎ直しで定住進化形へ──「地域天気図」進化編

いままで定住推進というと、地元になかった新たな組織や施設などを外から誘致しないといけないといった思い込みもありました。しかし、そうした外部からの「借り物」の対策では、最初のうちはよくても、ずっと続けることはできません。進化させる基本的な方向は、地元において集落ごとや分野・組織・施設ごと、そして年代ごとに存在している底力を、地域全体としてつなぎ直していくことです。したがって、集落・分野・組織・施設・年代を横断して「つなぎ役」となるような組織・拠点・活動・人材を育成・運営していくことが大切です。

たとえば、小規模な集落を横つなぎする地域自治組織や分野を横断して人々が集う「小さな拠点」、複数事業を同時に展開する「郷づくり会社」、あるいはこれらの組織・拠点を切り盛りする「地域マネージャー」などが、地域の総合力を結集して定住を具体的に実現していく原動力となります。

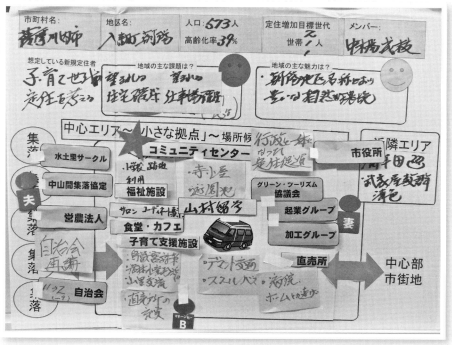

定住推進に向けた「地元天気図」課題解決編、「かごしま農村創生塾」の作成例(2016年)

グループごとに発表し、学び合う

　この「天気図」を使ったワークショップにおける各グループの作業時間は、「現状課題編」と「課題解決編」で2時間程度ですが、地域固有の課題や可能性に対応した定住推進策がまとまってきます。

　たとえば、子育て世帯の定住を目指すある地区では、「寺子屋」や遊園地といった取り組みで「山村留学」を実現し、突破口にしようとしています。この地区では、小規模化した集落をつないで地域ぐるみの体制づくりのために自治会再編も提案しています。

　60代の定年帰郷にも力を入れようとしている別の地区では、地域マネージャーを「地域おこし協力隊」の制度を活用して設置し、定住窓口としての役割も担わせようとしています。この地区は、外部の大学との連携や地域まるごと観光農園構想など、域外との交流も含めて積極的に地域の力を引き出そうとしています。

　このワークショップのまとめとして重要なプログラムは、最後の各グループの発表です。さまざまな地域のリーダーが、自分たちの地域の実情をふまえ、がんばって考えた定住推進の具体策を出し合うことは、似たような悩みを抱えた他の地域にとって何よりも参考と励みになるのです。

　もちろん、このような地区合同の定住推進ワークショップ1回で、各地区が一斉に動き出すわけではありません。これは、代表選手が集まり、定住推進のいわば「麹(こうじ)」を創る場です。その後、それぞれの地元や自治体に持ち帰って、より多くの仲間と地域の現場で進めるための第1歩なのです。

各グループの発表

ここがポイント！

ここで紹介した「かごしま農村創生塾」では、生活改良普及員の経験をもつ県庁農村振興課の職員が中心となり、各地の普及指導員などと連携をとって、研修参加地区の掘り起こしやその後現場での普及やフォローをしています。このような現場密着の行政支援の仕組みが大切です。

4 自治体全体で地区別の人口ビジョンに取り組む —— 邑南町の取り組み(1)

「過疎」という言葉が生まれたのは、1960年代の中国山地といわれています。その中国山地のど真ん中にある邑南町。ここでは、2010年代前半で社会増が実現しています。12の公民館区ごとに地域住民を主人公とした人口の取り戻し戦略に挑む邑南町の取り組みを紹介します。

邑南町の概要 —— 2010年代前半で社会増を実現

邑南町は、島根県の中央部、中国山地の中、広島県境に接した人口11,105人、高齢化率43.1%（いずれも2017年）の町です。

1970年の17,919人（国勢調査）から町の人口は大きく減少していますが、2010年代に入ってからは社会増を実現しています。図6-2は、最新の2012～2017年の5年間の男女年齢階層別の増減率を示したものです。20歳前後では町外への転出超過となっていますが、30代から40代にかけての子連れ世帯が転入超過となっていることがわかります。

「過疎」という言葉が生まれたとされる中国山地で、先駆けて「社会増」を実現している秘密は、どこにあるのでしょうか。

図6-1 邑南町の位置

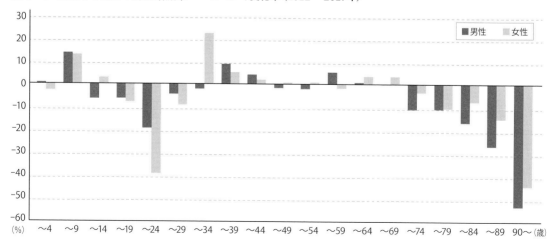

図6-2 邑南町の男女年齢別増減率 —— コーホート変化率（2012～2017年）

※2012～2017年の住民基本台帳データによる。

田園回帰のための三つの戦略 —— 子育て・A級グルメ・移住者ケア

邑南町が、社会増を実現した背景には、三つの戦略があります。

第一は、「日本一の子育て村構想」です。邑南町は、他の自治体が子育て支援に力を入れ始める前から、過疎債ソフト枠[*1]も活用して、2013年度から図6-3のような包括的な子育て支援に乗り出しました。病児保育までもカバーする徹底した支援を打ち出し、小中学校の統廃合も原則行わない方針を明らかにしています。単なる財政的支援だけでなく、地区ごとのあたたかい受け入れ体制が評判です。

第二は、「A級グルメの町」です。100年先の子どもたちに伝えられる邑南町の食文化に誇りをもち、高校生から農家そして移住者まで、「総動員」で取り組み、町立の「食の学校」[*2]まで設立しています。ユニークな取り組みとしては、「耕すシェフ」が有名です。地域おこし協力隊の制度を利用して、料理と農業の研修を同時に行い、地域に根ざした食の起業を後押ししています。

第三は、徹底した「移住者ケア」です。いくらよい構想や制度があっても、きめ細かい移住時のサポートがないと定住には踏み切れないものです。島根県では、2000年代中ごろには、自治体ごとに定住支援の専門的人材が配置され始めていました。自身のIターン経験も活かして親身にお世話をする定住支援コーディネーターと、地元の状況に精通したベテラン住民による定住促進支援員がタッグを組んだ邑南町の移住者支援は、先進地・島根県のなかでも、高く評価されています。

図6-3 邑南町の「日本一の子育て村構想」（邑南町資料）

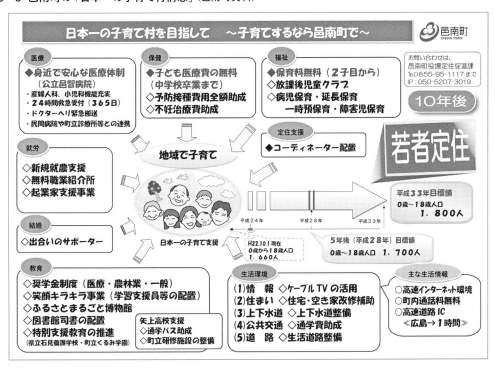

[*1]：2010年の改正過疎法では、過疎地域の市町村が取り組む創意工夫に富んだソフト事業について、過疎対策事業債の充当が可能になった。邑南町ではこれによって5年間の財源を確保するとともに、毎年5000万円を積み立てて、「子育て村構想」を10年間継続するための基金としている。

[*2]：邑南町ではB級グルメならぬ「A級グルメによる町づくり」を目指し、総務省の「地域おこし協力隊」制度を活用して、食と農にしぼった「耕すシェフ」を募集、食にかかわる人材育成のために「食の学校」を設立した。

5 地域人口ビジョンと「地区別戦略」
―― 邑南町の取り組み(2)

全国的な地方創生の取り組みにおいて、2015年度には全道府県・全市町村に、地域人口ビジョンと総合戦略の策定が、事実上義務づけられました。日本創成会議による「消滅可能性」予測を若干緩和する程度の地域人口ビジョンが多いなか、邑南町の地域人口ビジョンは異彩を放っています。

明確な人口安定目標の提示と地区別の推計・定住増加目標

　地方創生における各自治体の地域人口ビジョンについて残念だったのは、時間的余裕がなかったことが大きい要因でしょうが、内閣府から提供された人口予測プログラムをよく理解しないまま利用し、多くが出生率と社会増減率の改善により人口減少を少し緩和する程度のビジョンにとどまっていたことです。やはり、長期的に地域人口を安定させるビジョンをもたなければいけません。

　邑南町の地域人口ビジョンは、現在と同レベルの1万人程度で人口を安定させることを明確に打ち出しています。そのため、町民アンケート結果をもとにした出生率上昇（現在の2.15を2030年までに2.39へ）を織り込むだけでなく、すでに実績をあげている子育て世代の定住増加（町全体で30～34歳世代子連れ夫婦10組、25～29歳世代夫婦12組の転入増加もしくは転出抑制）を実現するとしています。

　邑南町の地域人口ビジョンで特筆すべきは、町全体の推計や予測、シミュレーションにとどまらず、12の公民館区（図6-4）ごとに人口分析を行い、それぞれの地区人口を安定させる定住増加目標を仮定値として設定していることです。町全体の定住増加目標は、このような地区ごとの人口安定に必要な定住増加組数を積み上げたものであることに、大きな意義があります。邑南町では、合併以前から地区ごとの公民館を核とした地域づくりが盛んでした。今回の地方創生においても、地域に根ざした地区ごとの定住推進策を展開することで、町全体としてバランスのとれた定住増加を実現しようとしています。

図6-4 邑南町における12の公民館区

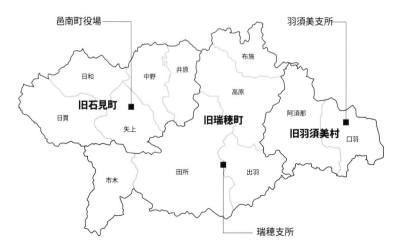

「地区別戦略」の始動と継続的な地区人口分析

　邑南町の地方創生総合戦略の特徴は、地域住民が主体となり、人口減少に歯止めをかけることを最終目標に据えた「地区別戦略」を策定している点です。「地区別戦略」に基づく取り組みには、毎年町から300万円を上限として、活動などに対する助成がなされます（2016〜2019年度の4年間）。また、中間支援組織（持続地域総研と小さな拠点ネットワーク研究所[*3]が共同受託）が伴走型支援を行うことで、「地区別戦略」を実現していくことを目指しています。町役場は、定住促進課がこの「地区別戦略」の事務局を務めるとともに、合併時より各公民館に1人の正職員（公民館主事）を配置しているのです。

　このような「地区別戦略」の展開と対応して、邑南町では、毎年度最新の住民基本台帳データにより、地区ごとの人口分析を行っています（持続地域総研で研究受託）。

　邑南町は、比較的地域格差が少ないところですが、それでも地域ごとに高齢化率や出生率、子どもや30代の増減率、社会増減率などには、大きな差があることがわかります（表6-3）。このような地区ごとの実態把握なくして、地区ごとの取り組みのみならず、町全体の実効性ある取り組みは不可能です。むしろ、結果を出している地区と出していない地区は、何が違うのかを考えるところから、本当の課題解決の糸口が見つかるのではないでしょうか。

表6-3　邑南町の地区別人口の現状分析 —— 住民基本台帳データより

公民館区名	現状編									
	2017年			2012〜2017年						
	人口総数 （人）	高齢化率 （%）	[※1] 合計特殊 出生率	人口 増減率 （%）	4歳以下増減 増減数 （人）	小学生増減 増減数 （人）	30代コーホート増減 [※2] 男性増減数 （人）	[※3] 女性増減数 （人）	実質社会増減 [※4] 増減数 （人）	[※5] 増減率 （%）
阿須那	771	54.9	1.89	-10.9	-1	2	-1	0	-4	-0.86
井原	676	43.2	1.12	-6.1	-1	-5	0	2	29	6.92
口羽	745	56.9	2.13	-9.7	-6	6	4	1	3	0.84
高原	899	44.9	2.20	-6.9	5	-8	3	12	5	1.01
市木	449	44.5	0.85	-6.7	-9	3	2	5	18	6.57
出羽	855	38.6	1.91	-8.1	-12	2	-7	-3	-4	-0.72
中野	1,552	38.5	1.89	-6.2	6	-1	-9	3	-11	-1.00
田所	1,825	43.3	2.12	-3.1	13	-4	11	10	34	3.07
日貫	487	51.3	0.80	-12.4	-5	-8	-2	-1	-12	-3.72
日和	433	45.3	1.22	-2.9	3	-2	2	4	25	9.89
布施	182	51.1	2.50	-18.0	2	-4	1	-1	-5	-4.83
矢上	2,231	35.1	2.08	-3.9	1	-3	11	18	-15	-0.93
全体	11,105	43.1	1.86	-6.5	-4	-22	15	50	64	0.91

※1：女性・子ども比より算出。　　　※2：25〜34歳と30〜39歳を比較。　　　※3：25〜34歳と30〜39歳を比較。
※4：0〜64歳と5〜69歳を比較、自然減を除く。　　　※5：0〜64歳と5〜69歳を比較、自然減を除く。

ここがポイント！

　地区ごとの詳細な人口分析を継続的にしていない自治体が多すぎます。患者の「脈」を見ずして、どんな「治療」ができるのか、大いに疑問です。

*3：巻末用語解説参照。

6 地区ごとの人口予測と人口安定化への見通しを共有——邑南町の取り組み(3)

地区別戦略は、地区ごとの人口安定化を最終目標としています。したがって、現在の人口の動きがどこまで安定に近づいているのか、たえず確かめて事業を展開していく必要があります。そして、先んじて人口安定を達成しつつある地区の取り組みに学んでいくのです。

地区ごとの人口予測と人口安定化への見通しを一覧にする

邑南町では、表6-4のように、現状分析だけでなく、現状で推移した場合の人口予測や人口安定化に必要な定住増加組数・人数を地区別に割り出し、共有しています。

社会増を実現している邑南町ですが、現在、高齢化率が43.1％まで達しているため、自然減の影響が大きく、まだ人口全体は減り続ける予測となっています。あと、もうひとがんばりが必要なのです。人口安定化に必要な定住増加の人口比をみると、どの地区が一番人口安定化に近づいているかがわかります。今回の2012〜2017年データをもとにした分析では、日和地区が人口比であと0.16％分の定住増加（年に0.7人）で、総合的な人口安定化が見込まれ、12地区中トップとなっています。

表6-4 邑南町の地区別人口の予測および安定化に必要な定住増加数と人口比

公民館区名	人口増減数 2017年比 (人) 2027年	2047年	人口増減率 2017年比 (％) 2027年	2047年	高齢化率 (％) 2027年	2047年	達成必要定住増加組数※1 (組)	達成必要定住増加人数 (人)	達成必要定住増加数・人口比 [現在人口の何％必要か] (％)
阿須那	-183	-478	-23.8	-62.0	60.1	61.4	1.6	11.2	1.45
井原	-49	-174	-7.2	-25.8	47.7	42.0	0.2	1.4	0.21
口羽	-181	-407	-24.3	-54.7	54.5	43.9	1.2	8.4	1.13
高原	-134	-375	-14.9	-41.7	44.2	45.0	1.0	7.0	0.78
市木	-26	-67	-5.9	-14.9	44.2	38.9	0.3	2.1	0.47
出羽	-120	-350	-14.1	-40.9	43.4	55.4	1.4	9.8	1.15
中野	-172	-524	-11.1	-33.8	39.7	40.1	1.4	9.8	0.63
田所	-198	-588	-10.9	-32.2	41.9	36.7	1.3	9.1	0.50
日貫	-133	-330	-27.3	-67.8	59.1	69.9	1.4	9.8	2.01
日和	-26	-68	-6.1	-15.7	41.0	33.4	0.1	0.7	0.16
布施	-34	-78	-18.8	-42.8	49.6	46.3	0.3	2.1	1.15
矢上	-227	-789	-10.2	-35.4	38.6	40.9	2.1	14.7	0.66
	-1,485	-4,227	-13.4	-38.1	44.2	42.7	12.3	86.1	0.78

※1：20代前半男女、30代前半子連れ夫婦、60代前半夫婦を同組数増やす場合の各年代の世帯数。

一番定住を増やした日和地区 ── 青年部が復活し祭りを主催

　日和地区は、人口433人（2017年）と2番目に小さな公民館区ですが、2012〜2017年の5年間の若年層の定住実績では、ナンバーワンです。図6-5は、日和地区の男女年齢階層別増減率を示したものですが、30代の子連れ世帯を中心に、広範な年齢層で転入超過となっていることがわかります。一番目立つ30代前半女性では、5年前（20代後半）の6人が11人とほぼ倍増です。現在のペースで、すでに子ども人口は安定化する見込みであり、高齢化率は若返りが始まり、人口も30年間の減少率が15.7％にとどまると予測されます。

　日和地区では連鎖反応的にU・Iターンが続き、2016年度には「日和地区青年部」が復活しました。2017年度には、青年部が総力を挙げて「騒　祭（そうづきんさい）」*4 を企画・運営し、地域住民から喝采されました。

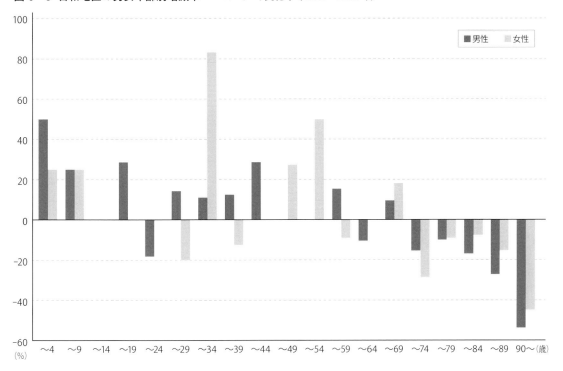

図6-5　日和地区の男女年齢別増減率 ── コーホート変化率（2012〜2017年）

※2012〜2017年の住民基本台帳データによる。

*4：地区出身者や移住者などさまざまなバックグラウンドをもつ若者が祭りを企画、「騒づく」とは石見地方の方言で「騒ぐ」「にぎやか」という意味。「人口は少なくともまだまだうちの地区はやれる」という意味合いが込められている。

7 12地区で定住増加の「リーグ戦」を展開
——邑南町の取り組み(4)

邑南町では、12の公民館区が、人口分析の共有だけでなく、合同の活動成果報告会や研修会の開催、視察旅行、クラウド型会計ソフトの共同利用まで、横つなぎで「リーグ戦」を進めています。

12地区合同の活動成果報告会

　邑南町では、「地区別戦略」が進められていますが、個々の地区における地域住民の地道な活動を中心にしながらも、その成果や課題を12地区全体で共有する機会を積極的につくっています。

　たとえば、2017年度では、秋と年度末の2回、活動の成果報告会を開いています。10月に行われた「中間報告会」では、各地区の活動成果報告に続いて、後半は本章前半で紹介した定住推進の「地元天気図」のワークショップを行いました。参加者は日頃から、それぞれの公民館で話し合いに習熟しているからか、1時間弱で全グループが仕上げ、発表でも堂々とした戦略が披露されました。同じ定住増加という目標に対しても、地区ごとに異なるアプローチを考えていて、お互いにとても刺激的だったようです。

　年度末には、「もっと他地区の話を深く聞きたい」という参加者の意見をもとに、「地区別戦略メッセ（見本市／博覧会）」と題したポスターセッション方式を取り入れました。会場に地区別戦略の展示ブースを設営し、相互訪問して自由に意見交換します。来場者からは、「非常に活気がある」、「他地区の人の話がよく聞けてよかった」、「おもしろい取り組みを知ることができた」など、好評でした。

　自分たちの地区内での「孤軍奮闘」だけでは、時として煮詰まってしまうことがあります。地区の枠を超えてがんばっている人同士が交流することにより、お互いの客観的な評価や励ましを得ることができ、「もうちょっとがんばってみよう！」という気持ちになるのです。

邑南町「地区別戦略実現事業中間報告会」(2017年10月30日)で、グループごとに「地元天気図」を作成する

「中間報告会」で「地元天気図」を発表する

研修も視察も会計処理も相乗りで

　地区ごとに定住増加を具体的に進めるためには、さまざまな仕組みづくりが必要です。中間支援を担う「小さな拠点ネットワーク研究所」では、各地区から要望の高い法人設立や空き家活用、「小さな拠点」形成などのテーマで、地区巡回型で研修会を開いています。こうした各地区をつなぐ研修実施により、先行地区の取り組みの成果やノウハウが他地区へも波及していきます。

　邑南町では、ここ4～5年、各地区の住民が分野を横断した法人組織を設立し、地域課題の解決を目指しています。そうした法人設立にしても、各地区がバラバラに取り組み、それぞれが「1合目」から登り始めるのではなく、3番手、4番手の地区は、1番手、2番手の背中を見ながら3号目・4合目から上を目指せるような自治体全体としてのプラットフォームづくりが重要なのです。

　視察の企画・運営には、多くの手間ひまがかかります。時には、複数地区合同で視察を実施することにより、より多くの成果を大勢で共有でき、課題解決の共通理解を進めることができます。

　各地区同時に補助事業を展開するときに、住民側でも行政側でも苦労するのは会計処理です。「小さな拠点ネットワーク研究所」では、kintone（サイボウズ株式会社）を活用した会計アプリを開発し、12地区と役場事務局を結んだクラウドサービスの会計システムを運用し、双方の大幅な事務量の削減に成功しています。

　このように、邑南町では、住民を主人公とした地元単位の定住推進の戦略が、毎年更新される地区別の人口分析と連動して、継続されています。特に参考となる点は、地区ごとのバラバラの取り組みに終わらせず、地区同士の「リーグ戦」により学び合い、磨き合い、助け合いを促す役場や中間支援組織の方法論です。

図6−6　邑南町地域運営支援システムのトップ画面と補助事業の会計事務画面例

ここがポイント！

　課題解決のカギは、行政や中間支援組織がもっているわけではありません。同じような取り組みでがんばっている仲間の地区へ「架け橋」をつないであげる取り組みが大切なのです。

column

「かごしま農村創生塾」を開いてみて

現 鹿児島県北薩地域振興局農政普及課さつま町駐在
（元 鹿児島県農政部農村振興課むらづくり推進係）

粟田 順子

かごしま農村創生塾を始めた経緯、背景

　鹿児島県では、1977（昭和52）年度から独自のむらづくり運動を展開し、地域資源を活かしたむらづくり活動が活発に行われてきました。しかし近年、過疎・高齢化が進み、地域を牽引するリーダーの高齢化や、一部のリーダーに職務が集中し、次期リーダーが育っていないなどの問題がクローズアップされていました。

　農村集落を維持・継続し、新たな取り組みを企画、実践していくには、核となる人材育成「ひとづくり」が不可欠であることから、2016年度に「かごしま農村創生塾」が開始されました。

藤山先生に講師を依頼した経緯

　研修の組み立てで悩んでいた2015年、全国知事会の「人口減少対策における農山漁村のあり方」の研究報告書を目にする機会がありました。

　そのなかに「田園回帰」「地域内経済循環」「縦割りではない地域の体制」などの考え方が具体的に記述されており、むらづくり活動にはまさしくこの考え方が必要だと感じました。一般的に「人口拡大」「地域活性化」というと壮大な構想を思い浮かべますが、藤山先生が提唱される「毎年1％の人口を取り戻す」取り組みであれば、少しがんばれば何とか可能ではないかと、当時在籍していた鹿児島県農村振興課内で検討し、藤山先生にぜひ力を貸してほしいとお願いしました。

研修の準備、運営とその後の現場での動き

　研修の開催に当たっては、研修終了後、1人ではなく、仲間とともに話し合いながら活動ができるように、同じ地区から複数名のリーダーが参加することにしています。参加者の居住する地域の人口分析ワークショップは、県内では初めての試みでした。数年先に想定される自分の地域の姿を目の当たりにし、改めて地域の将来に危機感を感じていたようでした。その後のワークショップでは、「地元天気図」を使いながら、地域の強みを活かした交流活動や仕事づくりなど移住者の受け入れ体制づくりに向け、和気あいあいとアイデアを出し合い、相互に意見交換を行いました。

　研修終了後、さっそく「自分の住む地域で報告会を行った」「集落で連携し、人を呼び込むためのPRイベントを新たに企画した」などの報告があり、少しずつですが活性化に向けた取り組みが進みつつあり、手応えを感じているところです。今後も、こうした取り組みがさらに一歩前進するよう、市町村などと一緒に取り組んでいきたいと考えています。

「かごしま農村創生塾」（2017年度）修了時の全員集合写真。県内7地区が集合

第**7**章

今後の
地域人口ビジョンづくりに向けて
地域診断・全国比較・持続可能性

地域人口ビジョンづくりでは、実際に定住を受けとめる受け皿となる身近な地域ごとの診断・取り組みが決定的に重要です。地域人口の現状や予測には地域によって大きな違いがあり、それをふまえた政策展開が必要となります。最終的には、人口は、多ければよい、少なければダメという単純なものではありません。それぞれの地域で安心して長続きできる暮らしができる持続可能性との関係で、地域人口を考えていかなければなりません。

1 診断・共有・学び合いによる地域の共進化
——地域横断の「リーグ戦」と分野横断の総合政策へ

世の中では「人口減少社会」に入ったと大騒ぎしていますが、地域人口にかかわる診断が決定的に不足しているのが現状です。現場で実際に起きていることをきめ細かく調べ、その要因を地域で共有し、有効な取り組みを地域や分野を超えてつないでいくところから、本当の進化が始まるのです。

まずは診断、そして情報共有、地域同士をつなぐ

とにかく、地域人口にかかわる診断が決定的に不足しています。これが、全国の地方創生に取り組む自治体を歩いてみての私の率直な感想です。人口減少や少子化で大騒ぎしていても、集めているデータは、自治体全体の大まかな数字だけです。小学校区程度の地区ごとに、たとえばどこで30代女性や赤ちゃんが増えているか、しっかりと分析しているところはほとんどありません。実際には、地区ごとのデータには大きな違いがありますし、今後の定住促進についても、身近な暮らしの現場での取り組みが極めて重要です。それなのに、多くの県や市町村では、どこで何が起きているのかわからないままに、地域人口ビジョンを進めています。これでは、身体の各所をきちんと診断しないまま処方箋を書いている「やぶ医者」と一緒です。プロのやり方としては失格なのです。

たとえば、一般的に結婚・出産の適齢期といわれる30代女性がどこで増えているか、県内でも市町村内でも分析してみればよいのです（図7-1）。そうすると、実は同じ自治体内でも、その増減率には大きな違いがあることがわかります。次に、30代女性が

図7-1 地域診断と比較から始まる地域の共進化

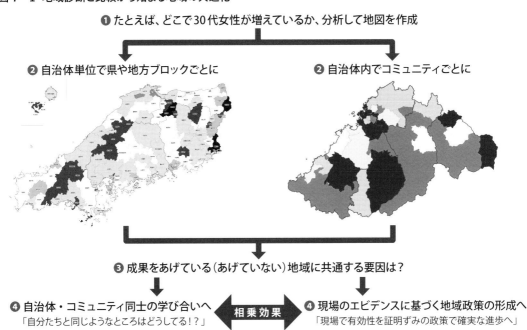

増えている、あるいは減っている地域の分布の傾向や共通する要因を探っていきます。

こうして人口定住に関して成果をあげている（あげていない）地域の分布や共通する要因をあぶりだすことは、二重の政策効果を発揮します。

第一の効果は、地域（自治体やコミュニティ）同士の学び合いです。実際の定住状況が地図で「見える化」されると、「自分たちと同じように都市部から離れた小規模なあの地区や自治体が何をやって人口を取り戻しているのだろうか？」と自然に興味・関心を呼びます。一番説得力があり、勇気もわく「活きた事例」に学ぶことが、確かな進化を約束するのです。つまり、地域同士の「リーグ戦」で伸びていくのです。

第二の効果は、しっかりした現場のエビデンス（証拠）に立脚して地域政策が展開されるようになることです。地域で有効であることを立証された政策を展開することで確実な進歩が望めますし、さらに地域診断を継続的に進めれば、政策の評価もきっちりできます。

人口から始まり、経済・介護・インフラをネットワークする総合政策へ

人口は、地域の現状や将来を映し出す最も基本的な統計データです。人口の将来にわたるシミュレーションができれば、介護のシミュレーションも可能となります。また、人口安定化に必要な定住増加人数などがわかれば、そのために望まれる所得創出額も割り出すことができ、将来の地域経済循環のシミュレーションを具体的な目標数値を掲げて展開できます。そして、こうした人口・介護・経済の将来像と連動して、次世代の拠点やネットワークの構想を具体的に描くことができるのです。私たちの研究所では、こうした各分野の精密なデータ分析に基づき、将来予測にも対応したシミュレーションシステムを開発し、地域の総合的な持続性設計に貢献したいと考えています。

図7-2 地域人口ビジョンから始める分野を横断した総合政策の展開・進化

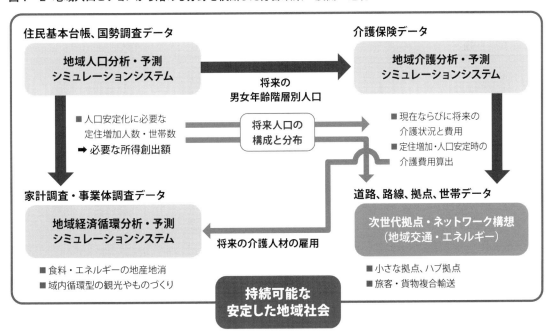

※地域経済循環のシミュレーションについては本シリーズ『「循環型経済」をつくる』を参照。

2 地区ごとの診断・目標に対応した定住促進の実践 —— 地区ごとの人口ビジョン・戦略と取り組み

地区ごとの人口診断や目標が定まると、第6章で紹介したように、地区として具体的な定住戦略を検討し、実践できるようになります。実際に、定住の受け皿となる地区ごとに、人口ビジョンと戦略を、地区ぐるみで考え、進めていきたいものです。

地域人口ビジョンは、地区と自治体全体の「2階建て」に進化

　地方創生の取り組みにより、2015年度に全自治体が地域人口ビジョンと総合戦略をつくりました。しかし、自治体全体のビジョンと戦略だけでは、私は、地方創生は「かすって」終わることになると危惧しています。自治体全体の人口の取り戻しの計画だけでは、一人ひとりの住民にとっては、まだ抽象論の世界です。やはり、第6章で紹介した島根県邑南町の

ように、自分たちの身近な暮らしを支える小学校区や公民館区など（人口規模300〜3,000人程度）ごとに、具体的な定住目標を掲げた地区人口ビジョン、およびその人口ビジョンに対応した具体的なプランと体制を打ち出した地区定住戦略をあらためて策定してほしいと思います。

表7-1 地方創生の第2ステージは、地区と自治体の「2階建て」ビジョン&戦略で

	●●地区人口ビジョン	●●地区定住戦略
各地区（定住自治区）	(1) 人口分析・予測　このままいくと…… (2) 人口安定化シナリオ　こうして人口減少ストップ (3) 必要定住増加人数＋α 　〈毎年の定住増加目標〉 　　20代前半男女1組 　　30代子連れ夫婦1組 　　60代定年帰郷1組 　　＋出産増、若者流出減	(1) 地区ぐるみの体制づくり⇒地域自治組織、郷づくり 　会社等設立 (2) 雇用創出プラン 　合わせ技の仕事づくり (3) 生活支援プラン 　複合的な「小さな拠点」 (4) 子育てプラン 　地元ぐるみの子育て (5) 定住促進プラン 　「求人広告」づくり 　地元のつながりのなかへ
	自治体人口ビジョン（地区人口ビジョンを集約）	**自治体総合戦略**
市町村全体	(1) 人口分析・予測 (2) 人口安定化シナリオ (3) 必要定住増加人数 　＋出産増、若者流出減 　人口1％の取り戻しビジョン	(1) 分野横断の体制づくり＝本部機能&地区支援 (2) 経済循環戦略 　所得1％の取り戻し戦略 (3) 拠点&ネットワーク戦略 　広域的なハブ形成 (4) 子育て戦略 　教育・医療などの充実 (5) 定住促進戦略 　情報発信、支援制度

地区ぐるみで定住者を増やした二条地区（島根県益田市）

　地区として、人口のシミュレーションを行い、実際に定住者を増やした事例を紹介しましょう。

　島根県益田市二条地区は、市の中心部から車で30分の山間部にあり、人口589人・高齢化率43.3％の美しい田園風景が広がる小学校区です。2013年に行った人口予測（図7-3）では、1年につき20代前半男女、30代前半子連れ夫婦、60代前半夫婦の定住を各1世帯増やせば、人口も高齢化率も小学生数も改善・安定することがわかりました。

　そこで、二条地区では、益田市で最初に地域自治組織を設立し、地域ぐるみで「空き家バンク」などの定住対策に取り組み、2014年から2015年にかけて9組・17人のU・Iターンを実現しました。それまでも年に1〜2組の新規定住者はあったのですが、そうした従来のペースを考えても、年ごとに合計3世帯7人程度の定住を増やすという目標は、優に達成しています。図7-4は、取り組みの成果である定住増加を伝える広報紙号外版です。

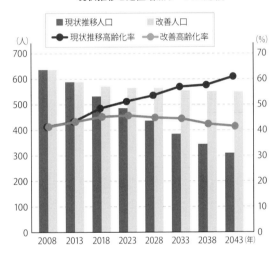

図7-3　二条地区の人口予測
——現状推移と定住増加ケースの比較

図7-4　定住増加を伝える『二条の里づくり』号外

※2015年12月「二条里づくりの会」発行

ここがポイント！

地区ごとに「指折り」数えて確かめることができるくらいの目標数値を共有することにより、地域住民が「これならできる」と本気になる取り組みが始まります。

3 これだけ違う東北地方と中国地方
—— 地方ブロックごとの比較分析

詳細な地域診断と比較から始める地域連携や地域政策の重要性は、全国や全県レベルでも変わりません。たとえば、地方ブロックや都道府県ごとの違いを無視した全国一律の問題認識や政策展開には無理があります。

東北地方と中国地方の現状比較

東北地方と中国地方は、よく全国的な地域類型の違いの事例として取り上げられます。たとえば、過疎現象についても、中国地方は「挙家離村」型で高度経済成長期に一気に進んだのに対し、東北地方は「出稼ぎ」型で、比較的近年まで人口減少は緩やかでした。しかし、2010年代前半の人口状況を比較すると、東北地方の人口減少が加速しているのに対し、中国地方にはやや持ち直しの兆候がみられます。

たとえば、30代女性増減率をみると（図7－5）、中国地方では、過半の55.2％の市町村が30代女性を増やしているのに対し、東北地方では増加市町村は38.7％にとどまっています。

合計特殊出生率についても大きな違いがあり（図7－6）、中国地方では1.5を下回っている市町村は17.7％しかありませんが、東北地方では42.7％も占めています。若年層の女性が減っているうえに、1人当たりが産み育てる人数も減れば、少子化の加速は避けられません。

社会増減率をみても（図7－7）、東北地方では10％以上減少している市町村が25.1％もあります。中国地方では、同様の市町村割合は6.5％しかなく、逆に社会増の割合が28.9％と4分の1を超えているのです。

このような人口現状の違いは、二つの地方の将来予測にも大きく影響しています。

中国地方に比べて格段に厳しい東北地方の人口予測

図7－8は、現状推移の場合における東北地方と中国地方の今後30年間の人口増減率予測を比較したものです。

東北地方では、人口が半減以上となる市町村の割合は38.3％と4割近くにもなっています。一方、中国地方では、半減以上となる市町村の割合は、17.8％と東北地方の半分以下にとどまっています。

このように、東北地方は人口安定化への道のりも相対的に厳しいものとなっています。

図7－9は、子ども人口の安定化に必要な定住増加率別の市町村割合を示したものです。東北地方では、0.5％以上1.0％未満の市町村が64.8％と一番多くなっています。一方、中国地方では、安定化まで0.5％未満に迫っている市町村が46.7％と半分近くを占めています。

図7－10は、総人口・子ども人口・高齢化率の3条件を同時に安定化させるために必要な定住増加率別の市町村割合を示したものです。東北地方では、1％以上1.5％未満の市町村が44.5％と一番多くなっているのに対し、中国地方では0.5％以上1％

未満の市町村が43.0％となっており、1ランク違うところがピークになっています。

これだけ大きな違いが両ブロックにあるとすれば、東北地方の地方創生を進める際には、先行している中国地方との違いと東北地方固有の要因をしっかり分析することが欠かせません。また、東北地方の市町村は、バラバラに孤軍奮闘するのではなく、共通する阻害要因などを明らかにして、連携した取り組みを進めたいですね。

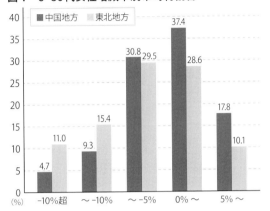
図7-5 30代女性増減率別市町村割合

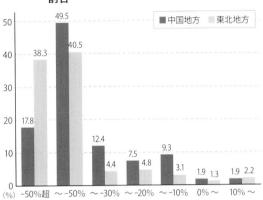
図7-8 2015〜2045年予測人口増減率別の市町村割合

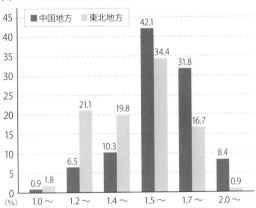
図7-6 合計特殊出生率別市町村割合

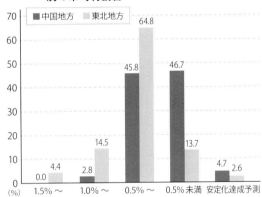
図7-9 子ども人口安定化に必要な定住増加率（人口比）別の市町村割合

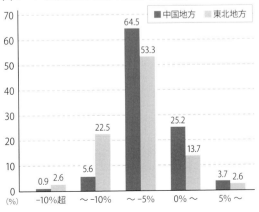
図7-7 実質社会増減率別市町村割合

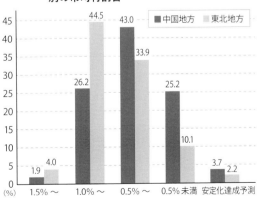
図7-10 総合的人口安定化に必要な定住増加率（人口比）別の市町村割合

※福島第一原子力発電所事故による避難指定地域12自治体を除く（以下、図7-13まで同様）

4 なぜ、秋田県は、島根県よりも人口が少なくなる？ ── 県ごとの人口予測にも大きな違い

地方ブロックだけでなく、県ごとの人口動態や予測にも大きな違いがあります。そこには、それぞれの県で異なる構造的な要因が潜んでいます。秋田県と島根県で比べてみましょう。

現在100万人強の秋田県が、70万人弱の島根県よりも人口が少なくなる

全国のなかでも特に人口状況が厳しい東北地方において、秋田県は、県別の人口減少率で全国トップとなっています。高齢化率においても、2015年で33.8％と全国トップです。長い間、人口減少率や高齢化率では、高度経済成長期に「過疎」という言葉を産んだ島根県がトップでした。ちなみに2015年の島根県の高齢化率は、32.5％です。

2015年の人口は、秋田県1,023,119人、島根県694,352人と30万人以上、秋田県が多くなっています。しかし、秋田県と島根県の将来人口予測をしてみると、2060年には、秋田県376,719人、島根県395,322人と逆転します。そのときの高齢化率は、秋田県51.7％、島根県40.1％となっています。

実は、14歳以下の子ども人口の逆転は、もっと早い2030年に起こる予測になっています。秋田県において、2015年時106,947人の子ども人口は、2030年には64,457人まで急減します。一方、島根県においては、2015年時87,170人の子ども人口は、2030年には67,258人となります。秋田県では、子ども人口の減少が先行し、長期的な人口減少や高齢化に拍車をかけると予測されています。

図7-11 秋田県と島根県の将来人口予測

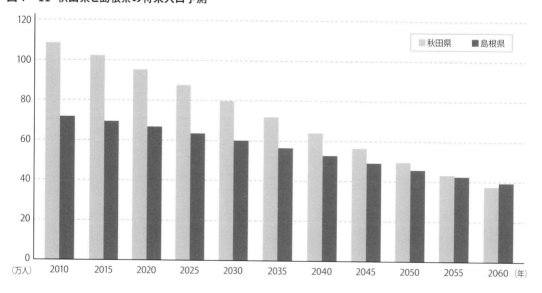

※2010年、2015年の国勢調査データにより予測。

女性を取り戻せず、出生率も低い秋田県

このように、長期的にみて秋田県と島根県の人口が逆転する要因としては、二つ考えられます。

第一は、秋田県の男女年齢別増減率をみると（図7-12）、ほとんどの年齢階層で転出超過となっています。特に、20歳前後で女性のほうが多く流出しているのにもかかわらず、その後女性をほとんど取り戻していません。一方、島根県では、20歳前後での転出超過がやや小さいことに加えて、その後女性も含めてある程度取り戻しています（図7-13）。この女性を含む人口の取り戻しの有無が大きいのです。

第二は、合計特殊出生率の違いです。秋田県が2015年時点で1.41にとどまっているのに対し、島根県は1.74（全国2位）です。女性流出と出生率の低さが相乗的に秋田県の人口減少を加速させているのです。

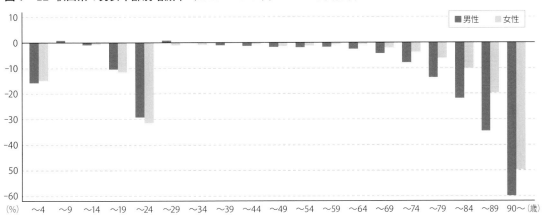

図7-12 秋田県の男女年齢別増減率（2010～2015年、コーホート変化率）

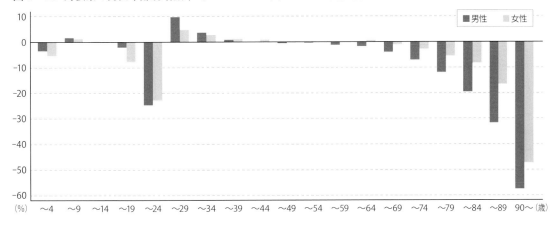

図7-13 島根県の男女年齢別増減率（2010～2015年、コーホート変化率）

ここがポイント！

総人口の減少率などわかりやすい数字に注目しがちですが、地域人口を長期的に決定していくものは、若年層の女性の人口動態や出生率なのです。

5 東京一極集中の長期的な帰結とコスト
── 1km²に高齢者4,000人以上が集中居住

2010年代、再び東京一極集中傾向があらわになってきています。今回の特徴は、都心回帰。都心に近い特別区に多くのタワーマンションが一気に建ちました。その長期的帰結はどうなるのでしょうか。

急速に増え始めている特別区の人口

2010年代前半、東京都の特別区への転入超過が加速しました。いままでと少し異なるのは、大学生世代の転入だけでなく、従来は郊外や地方に移動していたアラサー世代や子連れ世帯も都心に転入してい

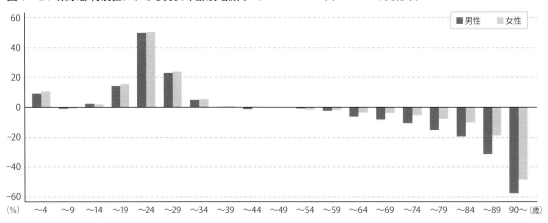

図7-14 東京都特別区における男女年齢別増減率（2010～2015年、コーホート変化率）

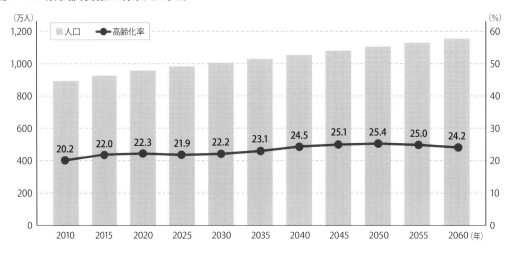

図7-15 東京都特別区の将来人口予測

ることです（図7-14）。これは、近年のタワーマンションブームとも連動した都心回帰の現象と符合します。その結果、このまま推移すれば、東京都特別区の人口はかなり急速に増え続け、1,000万人を大きく超えることになります（図7-15）。ただ、これは、本当に持続可能なことなのでしょうか。

100m四方に高齢者だけで40人以上が暮らす

東京都心の人口が増えることは、経済活性化にもつながり、それほど悪いことではないと思う方もいるかもしれません。ただ、そろそろ経済に役立つからよいという思考回路（思考停止？）からは、卒業したいものです。経済は、あくまで私たちの幸せな暮らしを支えるための手段なのですから。

そうした暮らしの場として考える場合、東京都特別区がこれから直面する最大の課題のひとつは、高齢者人口の激増です。このまま推移すると、2050年代には300万人近くに膨れ上がります。現在よりも80万人程度増えることになります（図7-16）。

単なる総数の増加にとどまらず、本当に恐ろしいのはその密度です。2050年時には281万人の高齢者が特別区内で暮らすことになりますが、これは、1km²に高齢者だけで4,507人がひしめくことを意味します。つまり、高齢者だけでDID（人口集中地区）の要件を満たすことになります。さらに具体的イメージでいうと、小学校の校庭ほどの100m四方に、高齢者だけで45人が暮らすことになるのです。医療や介護が限界状況となることは容易に想像できます。たとえば、介護には「規模の経済」は働か

ないでしょう。狭いところに大勢を押し込めれば、認知症も含め、かえって症状の悪化などが懸念されます。第6章で示したように、東京都の介護認定率はかなり高くなっています。また、それほどの密度でどのような日々の暮らしが成り立ちうるのか、想像できません。タワーマンションでは、多くのところで隣近所の会話も庭いじりをする土地もないのです。人生100年時代です。東京一極集中は、東京の人にとっても高くつき始めています。

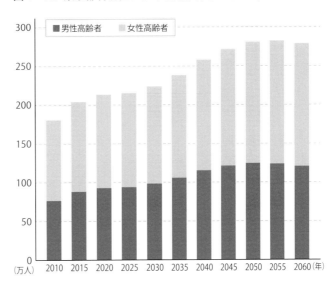

図7-16 東京都特別区における高齢者（65歳以上）人口の予測

※2010年、2015年の国勢調査データにより予測。

ここがポイント！

一見華々しくみえる都心回帰の動きも、長期的には持続可能なものではありません。一方で、かつての郊外団地が「負の遺産」として使い捨てされてしまう社会的コストも無視できません。

6 21世紀の石高制。持続可能な地域人口とは？
——最適な居住人口を積算してみると

自然界には、無限に増えていく生物種はいません。私たちもそろそろ「右肩上がり」で経済や人口を成長させていく幻想から目覚め、それぞれの地域の環境容量に適合した人口のあり方を考える時代ではないでしょうか。

土地の力を積み上げた江戸時代の石高制

江戸時代には、「石高制」というものがありました。「石」とは、米の生産力を基軸として土地の生産性を表す尺度のことで、「1石」とは大人1人が1年間暮らしていける生産量に相当しました。江戸時代後半の全国の石高は、北海道を除き、3,000万石程度でした。人口もほぼ同じ3,000万人程度です。

「石高」は、大名などの所領の大きさを示すとともに、農民に対する年貢を徴収する単位でもあったので、村ごとに石高はしっかり決められていました。江戸時代の村ごとの石高は、国立歴史民俗博物館が全国のデータベースを構築し、インターネット公開しています。そこからダウンロードすると、たとえば表7−2のように、江戸時代の村ごとに、旧領名や石高（旧高）がわかります。島根県でみると、江戸時代の村は、現在の大字くらいに相当することが多いようです。

さて、こうした江戸時代の石高（それは当時の人口にもほぼ対応しているわけですが）を、現在の地域の人口をと比べてみると、昔はいまよりも人が住んでいたのだなということに気づきます。たとえば、表の中ほどにある「日貫村」の2017年現在の人口は、第6章の表6−3（p.111）にあるように487人ですが、江戸時代の石高は1,389石と倍以上になっています。邑南町全体で江戸時代の石高を積み上げると、18,446石となりました。2017年現在の邑南町人口が11,105人ですから、これも倍近くになります。

中国地方の市町村について、江戸時代の石高と現在の人口を比べてみました（図7−17）。全域過疎指定市町村のほとんどは、江戸時代の人口を下回り始めています。いままでは、人口減少をひたすら否定的にとらえていました。しかし、再生可能資源で100％賄っていた江戸時代よりも人口が少なくなったとすれば、それは環境容量の点からは、いまや極めて確かな持続可能性が生まれ始めていることを意味しているのではないでしょうか。

表7−2 石高一覧表の一部（島根県邑南町） ※国立歴史民俗博物館データベースより加工

旧村名	ふりがな	旧領名	石高
久喜村	くき	大森代官支配所	202
大林村	おおばやし	大森代官支配所	83
八色石村	やいろいし	大森代官支配所	271
原村・古者《原村／ふしたに》弐ヶ村	はら・ふるくは《はら／ふしたに》	大森代官支配所	783
布施村	ふせ	大森代官支配所	315
日貫村	ひぬい	津和野藩領	1,389
高見村	たかみ	浜田藩領	542
宇津井村	うずい	浜田藩領	389
日和村	ひわ	浜田藩領	727
木須田村	きずた	浜田藩領	95
口羽村	くちば	浜田藩領	329

図7-17 江戸時代の石高と2015年人口の比較（1石＝1人として換算）

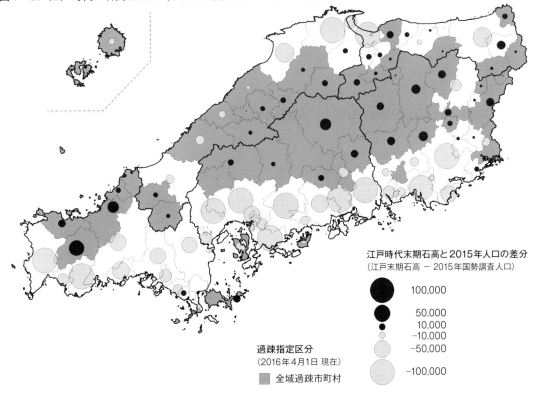

江戸時代末期石高と2015年人口の差分
（江戸末期石高 － 2015年国勢調査人口）

- 100,000
- 50,000
- 10,000
- -10,000
- -50,000
- -100,000

過疎指定区分
（2016年4月1日 現在）
■ 全域過疎市町村

食料とエネルギーの自給能力を調べ、先着●●名様宣言を！

　本シリーズの『「循環型経済」をつくる』の後半で述べたように、私たちは、これから必ず循環型社会に向かわねばなりません。基本的に、それぞれの土地にある持続可能な生産能力と浄化能力のなかで暮らしていく必要があるのです。こうした文明的転換の視点に立つならば、江戸時代よりも少ない人口となり、大きなゆとりが生まれた過疎地域にこそ、一番大きな持続可能性が存在していることになります。だからこそ、田園回帰が求められるのです。なにしろ東京は、マイナス1,000万石なのですから。

　ぜひ、住民と行政が手をつなぎ、地域ぐるみで自分たちの地域の食料とエネルギーの自給能力を「21世紀の検地」事業として始めてみようではありませんか。ドローンも飛ばし、多面的な分析により長続きできる土地利用を考えるなかで、持続可能な人口扶養力を地域住民自らが算出するのです。現在500人の村で、1,000人分の食料・エネルギーの供給量があれば、みんなで「先着500名様宣言」をするのです。そうした地域ごとの「21世紀の石高」を積み上げ、自治体全体でも「先着●●名様宣言」をしていきます。さあ、「21世紀の石高制」、一番乗りする地域は、どこでしょう？

ここがポイント！

ただ人口を増やせばよいというビジョンではいけません。これからの時代は、持続可能性こそ最重要の評価ポイントです。みんなで、地元の底力を「見える化」してみましょう！

おわりに

縁辺革命と「サンゴ礁」

　2010年代前半、全国の小さな離島や山間の町村で始まった田園回帰の潮流。それは、「縁辺革命」と呼ぶべきものです。いままでの「大規模・集中型」の社会・経済・政治から一番遠く離れ、その恩恵の乏しかった「小規模・分散型」のところに、新たな「持続可能性」が生まれ始めています。

　よく考えると、本物の進化は、必ず「端」から発生するはずです。現在のシステムの「真ん中」に座り繁栄している種は、新たな進化の必要がないからです。しかし、過疎・過密を同時につくり出した「大規模・集中型」システムは、高齢化して「使い捨て」にされつつある地域社会からみても、資源収奪や環境汚染により限界を露呈している地球社会からみても、黄昏の時代を迎えています。そうした文明的転換期において、「大規模・集中型」とは真逆の縁辺地域に人々が移り住み始めているのは、長続きする地域と仕組みを求める生き物としての人間の本能かもしれません。

　さて、長続きしてきたシステムの代表格は、自然の生態系でしょう。生態系は、真の意味で世界全体がつながったグローバルなものですが、けっして「ひとり勝ち」や「一極集中」を許さず、それぞれの地域に適合して循環する「小規模・分散型」の生態系が多重的かつ有機的に連環しています。そうして発達した生態系のお手本の一つは、「サンゴ礁」です。「サンゴ礁」は、無数の小さなサンゴ虫が構築するサンゴのプラットフォームに、数多くの生物種が曼荼羅のように共生関係を構成しています。それぞれの「サンゴ礁」は独自の生態系を発達させていますが、けっして閉じた輪ではなく、外洋から海流や回遊性の生物種が入り込みます。幼少期を「揺り籠」としての「サンゴ礁」で過ごし、再び大海原に旅立つ魚もいることでしょう。そこでは、「小さな循環系」と「大きな循環系」が交流し、豊かさを分け合っているのです。

　私は、地域社会のなかで「サンゴ礁」のようなシステムを創り始めたところに、人々が引き寄せられていると考えています。一人ひとりに多様な居場所があり、多彩なライフスタイルが営まれ、お互いの役割を認め合う「小さな循環圏」にこそ、真の持続性と共有できる幸せが宿っているのではないでしょうか。2010年代、縁辺地域から始まった田園回帰の本質を、私はこのようにとらえています。

　地域人口ビジョンの役割は、単純に地域人口を増やすことではなく、地域の持続可能性に応じた適正な人口をどのように実現するかという筋道を明らかにすることなのです。

真の持続性を設計する時代

　それぞれの地域社会が、「サンゴ礁」のような持続的な生態系を築いていくためには、何が必要なのでしょうか。

　まずは、食料やエネルギーといった生きるために不可欠な資源をできるだけ地域内で循環利

用できる仕組みです。こうした新たな循環型の仕組みについては、本シリーズの『「循環型経済」をつくる』で詳しく紹介していますので、ぜひお読みください。

　もうひとつは、「サンゴ」のように多彩な住処や生活様式を支えるインフラです。私は、現在、全国的に進められている基礎的な地域社会における「小さな拠点」の形成は、まさにそれぞれの地元に「サンゴ礁」を創る営みだと説いています。こちらは、本シリーズ『「小さな拠点」をつくる』で具体的にその可能性を提示するつもりです。

　ちなみに、私たちが大量に使っているセメントの原料は石灰岩です。石灰岩は、珍しく日本が自給している鉱物です。実は、日本の石灰岩のほとんどは、日本海溝に沈み損ねたかつての南太平洋の「サンゴ礁」なのです。私たちは、自分の力だけで大規模なビルや道路を建設しているといい気になっていますが、無数の小さな「サンゴ虫」たちが他の生物と共生しながら何億年もかけてつくったインフラの「おこぼれ」をいただき、再利用しているに過ぎません。本当の「規模の経済」とは、小さな営みが無数に集まり、長年積み重なることで実現するものなのです。

行政も進化する時代

「地域人口ビジョン」にかかわる行政の取り組みをみて、一番問題だなと思ったことは、とにかく地域の「診断」が欠如していることです。人口という最も基本的な統計データについて、自治体全体においても地区ごとにおいても、ほとんどまともな分析がなされていません。人口減少・高齢化・少子化などを声高に問題視しながら、実際には、どこでどのくらいどの年代が増えているのか、減っているのかさえ、把握されていません。そうした実態を分析せずして、どんな対策があるというのでしょうか。また、どんな対策を展開したとしても、それが実際に地域現場でどのくらいの効き目があったかわからないとしたら、その政策をどう評価したらよいのでしょうか。

　本文中でもたとえたように、同じことを病院がやったとすれば、大騒ぎになると思います。体温も血圧もちゃんと測らずに、あてずっぽうで病名を決め、薬を処方しているようなものです。自治体を構成している個々の地域、地元は、それぞれの相異なる人々のようなものです。元気な人もいれば、病気がちな人もいます。すぐにも入院しなければいけない人もいるでしょう。人々には、あれほどうるさく「健康診断」を受けましょうとすすめるのに、それぞれの地域の「健康診断」は、ほとんどされていません。

　毎年ちゃんと地域ごとの「健康診断」をすれば、国や地方ブロック、自治体全体としては人口減少・高齢化・少子化が進んでいる場合でも、人口を取り戻し、赤ちゃんを増やしている地域もあることがわかるはずです。先んじて「進化」している地域を発見し、情報共有を促し、地域同士の学び合いを促進することこそ、地域住民からフルタイムの「地域づくり専門家」として雇われた行政職員の本務ではないでしょうか。そうした地域診断を怠っていながら、「上から目線」で「選択と集中」を唱える「勘違い」している政治家や公務員がいます。主権者である地域住民について「選択と集中」を行う権限など、誰も与えていないことを肝に銘ずるべきです。

　実は、行政には、人口から始まり、経済や介護、教育、交通などあらゆる分野のデータがちゃんと集まっています。しかし、プロとして当然すべき地域ごとにあるいは分野を横断した分析

おわりに｜ 131

をしていないのです。私たち主権者たる住民には、プロとしての公務員を雇う権利があるはずです。18歳や22歳で一定の教養試験をパスすれば「素人」でもなることのできる現在の採用システムを、抜本的に変革すべきときが来ています。しかも、時代は、持続可能な地域社会に向けて、もう一度地域や行政を丸ごと創り直すことを要請されているのですから。

まず、専門の「地方公務員学部」や「地方公務員大学院」を設立し、しっかりした地域ごとのデータをもとに「診断」→「情報共有」→「政策立案」→「診断（評価）」というプロとしての業務サイクルを身につけた資格職とすべきでしょう。そして、行政サイクルがスタートかつゴールする地域現場での体験を、「地域おこし協力隊」や民間企業などでの勤務を通して学び、住民とともに課題と可能性を共有できる人材を30歳くらいで採用するような方式が考えられます。

地域住民に求められるもの

行政職員もプロとしてがんばらなければいけませんが、やはり、地元に人口を取り戻す主人公は、住民です。

まず、地域住民が勘違いしてはいけないことは、「困っているから定住してくれ」ではないことです。本当に「困っている」のなら、人情としては、「ここに来ないほうがいいよ」と言ってあげなくてはいけません。確かに現状は困ったところが多々あるかもしれませんが、長い目でみると「ここに住んでちゃんと暮らしていける」という地域の可能性を、まずは地域住民自らが見出す必要があります。その意味で、「ないものねだり」ではなく「あるもの探し」をして、地元の暮らしの価値を見つめなおす「地元学」の手法は、注目されます。また、第7章で提案した「21世紀の石高制」も、そこで長続きできる暮らしができる可能性を「見える化」しようとするものなのです。

次に、「誰でもいいから来てくれ」でもないはずです。結婚でも恋愛でも「誰でもいいから」という人のところには、普通、行きたがらないものです。自分たちは「こんな暮らしがしたい」と自らの暮らしのあり方と仲間を「選びとっている」ところが、逆に居住先として「選ばれる」のでないでしょうか。

最後は、「生きた証」が遺る地域社会のありようだと思います。私は毎年、数多くの地域を訪ねますが、「この地域はよいところだな」と思うのは、「暮らしの意志」を感じるときです。道端の草刈りや家や田んぼ、樹木の手入れなどに、「こんなふうに暮らしたい」という意志が共有されている地域のあり方が美しいのです。それはちょうど、冒頭述べた無数の小さな生き物の営みが織り成す「サンゴ礁」の美しさに通じるものがあります。人間社会の場合、どうしても「いまだけ、自分だけ。お金だけ」の我欲に走りがちになります。ただ希望があるのは、人間の場合、遺伝子だけでなく、がんばって生きた「記憶」を受け継げることです。持続可能な地域社会。長い目で地域社会がよくなるというのは、「生きた証」としての「記憶」が世代を超えて紡がれていくからではないでしょうか。

2018年10月

藤山　浩

付　録

ここで付録として2010～2015年の各種人口分析についての自治体のランキングやリストを紹介するのは、自治体間に優劣をつけるためではなく、大都市の都心や近郊の区・市とともに、都市から遠く離れた山間部や離島など、条件不利とみられるところで人口安定化の指標を満たしている自治体が少なくないことに注目してほしいからです。

序章では、2010年、2015年の国勢調査のデータをもとに、2010～2015年の間に、離島や山間部で30代の若い女性の人口が増加したり、社会増を実現している町村が目立つことを指摘しました。
ここでは全市区町村における30代女性増加率、社会増加率のベスト100を紹介します。東京の都心と離島・山間部の市区町村が上位に並んでいます。

表付－1　2015年　30代女性増加率ランキング

順位	都道府県名	市町村名	増加率(%)
1	鹿児島県	十島村	129.4
2	和歌山県	北山村	83.3
3	鹿児島県	三島村	78.6
4	北海道	東神楽町	54.1
5	沖縄県	北大東村	47.6
6	島根県	海士町	47.4
7	福岡県	新宮町	46.0
8	東京都	利島村	38.9
9	長野県	北相木村	37.5
10	北海道	東川町	36.1
11	山梨県	小菅村	34.8
12	東京都	千代田区	34.4
13	島根県	知夫村	31.3
14	東京都	港区	30.1
15	沖縄県	伊是名村	30.0
16	鹿児島県	大和村	26.8
17	青森県	六戸町	26.8
18	宮崎県	諸塚村	26.3
19	東京都	台東区	26.2
20	長野県	生坂村	25.8
21	新潟県	粟島浦村	25.0
21	長野県	売木村	25.0
21	沖縄県	渡名喜村	25.0
24	愛知県	阿久比町	24.9
25	高知県	三原村	24.4
26	長野県	中川村	24.3
27	愛知県	東栄町	23.2
28	長崎県	小値賀町	22.9
29	東京都	中央区	22.6
30	茨城県	つくばみらい市	22.3
31	和歌山県	日高町	22.1
32	福岡県	福津市	21.6
33	北海道	中川町	21.3
34	東京都	小笠原村	20.9
35	鹿児島県	与論町	20.8
36	山梨県	昭和町	20.8
37	新潟県	刈羽村	20.7
38	秋田県	大潟村	20.5
39	宮城県	大和町	20.3
40	宮崎県	綾町	19.9
41	北海道	ニセコ町	19.9
42	宮城県	富谷町	19.8
43	愛知県	長久手市	19.7
44	鹿児島県	伊仙町	19.5
45	東京都	八丈町	19.2
46	東京都	神津島村	18.5
47	沖縄県	与那原町	18.3
48	北海道	仁木町	18.2
49	大分県	姫島村	18.2
50	愛知県	豊根村	17.9
51	北海道	中札内村	17.4
52	宮崎県	日之影町	17.4
53	大阪府	島本町	16.9
54	京都府	京田辺市	16.7
55	東京都	江東区	16.7
56	長野県	大鹿村	16.7
57	千葉県	流山市	16.5
58	宮城県	大衡村	16.2
59	宮崎県	木城町	16.2
60	千葉県	印西市	15.9
61	三重県	朝日町	15.8
62	沖縄県	八重瀬町	15.6
63	群馬県	吉岡町	15.4
64	熊本県	合志市	14.9
65	宮城県	名取市	14.8
66	宮城県	利府町	14.8
67	沖縄県	南城市	14.6
68	沖縄県	中城村	14.6
69	沖縄県	多良間村	14.6
70	島根県	美郷町	14.5
71	宮崎県	三股町	14.3
72	長野県	根羽村	14.3
73	岡山県	西粟倉村	14.3
74	熊本県	五木村	14.3
75	奈良県	王寺町	14.1
76	鹿児島県	和泊町	14.1
77	新潟県	聖籠町	14.0
78	沖縄県	今帰仁村	13.9
79	岡山県	新庄村	13.8
80	東京都	杉並区	13.4
81	北海道	幕別町	13.3
82	高知県	土佐町	13.3
83	埼玉県	ふじみ野市	13.3
84	沖縄県	宜野座村	12.9
85	和歌山県	有田川町	12.9
86	山形県	三川町	12.9
87	東京都	新島村	12.6
88	長野県	山形村	12.5
89	鹿児島県	東串良町	12.4
90	熊本県	菊陽町	12.3
91	和歌山県	太地町	12.1
92	埼玉県	吉川市	12.1
93	愛知県	日進市	11.9
94	埼玉県	戸田市	11.9
95	徳島県	北島町	11.8
96	奈良県	東吉野村	11.7
97	北海道	猿払村	11.6
98	千葉県	木更津市	11.3
99	福島県	新地町	11.1
100	埼玉県	八潮市	11.0

※2010年時25～34歳女性と2015年時30～39歳女性を比較して算出。　　※アミかけは過疎指定町村。
※数値が同じ自治体の順位は四捨五入した下位の位の差による。

付録 | 133

表 付-2 2015年　社会増加率ランキング

順位	都道府県名	市町村名	増加率(%)
1	東京都	千代田区	27.8
2	鹿児島県	十島村	27.7
3	福岡県	新宮町	19.6
4	東京都	港区	19.0
5	東京都	台東区	18.8
6	新潟県	粟島浦村	17.2
7	沖縄県	与那国町	17.2
8	東京都	中央区	15.0
9	宮城県	大和町	14.1
10	東京都	渋谷区	12.4
11	茨城県	つくばみらい市	11.4
12	沖縄県	渡名喜村	11.1
13	北海道	東神楽町	10.1
14	沖縄県	与那原町	9.7
15	島根県	海士町	9.4
16	東京都	江東区	8.9
17	愛知県	阿久比町	8.4
18	埼玉県	戸田市	8.4
19	沖縄県	中城村	8.3
20	島根県	知夫村	8.3
21	東京都	文京区	8.2
22	福岡県	福津市	8.1
23	宮城県	大衡村	8.1
24	山梨県	昭和町	7.9
25	三重県	朝日町	7.7
26	東京都	品川区	7.7
27	東京都	杉並区	7.6
28	東京都	荒川区	7.3
29	東京都	板橋区	7.2
30	宮城県	富谷町	7.1
31	高知県	大川村	7.1
32	東京都	中野区	6.9

順位	都道府県名	市町村名	増加率(%)
33	愛知県	長久手市	6.8
34	島根県	西ノ島町	6.5
35	沖縄県	恩納村	6.4
36	北海道	東川町	6.2
37	東京都	墨田区	6.2
38	沖縄県	八重瀬町	6.2
39	広島県	大崎上島町	6.2
40	群馬県	吉岡町	6.2
41	埼玉県	吉川市	6.2
42	熊本県	菊陽町	6.1
43	東京都	目黒区	5.9
44	東京都	豊島区	5.8
45	青森県	六戸町	5.8
46	千葉県	流山市	5.7
47	沖縄県	座間味村	5.7
48	宮城県	名取市	5.6
49	沖縄県	今帰仁村	5.6
50	愛知県	東栄町	5.6
51	東京都	大田区	5.5
52	大阪府	田尻町	5.5
53	和歌山県	日高町	5.4
54	沖縄県	南城市	5.4
55	和歌山県	北山村	5.3
56	東京都	小笠原村	5.3
57	千葉県	木更津市	5.3
58	埼玉県	ふじみ野市	5.2
59	埼玉県	滑川町	5.2
60	熊本県	大津町	5.2
61	東京都	新宿区	5.1
62	佐賀県	鳥栖市	5.1
63	熊本県	合志市	5.1
64	東京都	武蔵野市	5.1
65	愛知県	豊山町	5.1
66	大阪府	吹田市	5.0

順位	都道府県名	市町村名	増加率(%)
67	福島県	相馬市	5.0
68	埼玉県	八潮市	4.9
69	東京都	北区	4.9
70	北海道	ニセコ町	4.9
71	福島県	いわき市	4.8
72	福岡県	福岡市	4.7
73	三重県	川越町	4.6
74	東京都	神津島村	4.5
75	福岡県	粕屋町	4.5
76	福岡県	須恵町	4.4
77	愛知県	高浜市	4.4
78	北海道	厚真町	4.3
79	愛知県	常滑市	4.3
80	奈良県	王寺町	4.3
81	埼玉県	朝霞市	4.2
82	茨城県	つくば市	4.2
83	山形県	東根市	4.1
84	宮崎県	綾町	4.1
85	沖縄県	竹富町	4.0
86	高知県	北川村	4.0
87	宮城県	利府町	4.0
88	千葉県	印西市	4.0
89	京都府	京田辺市	3.9
90	石川県	野々市市	3.9
91	熊本県	嘉島町	3.9
92	東京都	日の出町	3.9
93	山口県	阿武町	3.9
94	沖縄県	沖縄市	3.8
95	長野県	御代田町	3.7
96	徳島県	北島町	3.7
97	大阪府	島本町	3.7
98	東京都	日野市	3.7
99	茨城県	鹿嶋市	3.6
100	福島県	新地町	3.5

※2010年0〜64歳と2015年5〜69歳を比較、自然減を除く。

※アミかけは過疎指定町村。

※数値が同じ自治体の順位は四捨五入した下位の位の差による。

以下、第3章で紹介しきれなかった、関東・中部地方および九州・沖縄の子ども人口安定化達成自治体（図3-8、図3-10に対応）、同地方の総合的人口安定化達成自治体（図3-13、図3-15に対応）のリストを掲げます。

表 付-3 関東・中部地方　子ども人口安定化達成予測93自治体

都道府県名	市町村名		
茨城県	牛久市	つくば市	つくばみらい市
群馬県	吉岡町	上野村	
埼玉県	さいたま市	川口市	越谷市
	蕨市	戸田市	朝霞市
	志木市	和光市	八潮市
	富士見市	滑川町	ふじみ野市
	吉川市		
千葉県	船橋市	木更津市	習志野市
	流山市	四街道市	印西市
東京都	千代田区	中央区	港区
	新宿区	文京区	台東区
	墨田区	江東区	品川区
	目黒区	大田区	世田谷区
	渋谷区	中野区	杉並区
	豊島区	北区	荒川区
	板橋区	練馬区	江戸川区
	武蔵野市	三鷹市	府中市

都道府県名	市町村名		
東京都	調布市	小金井市	小平市
	日野市	国分寺市	狛江市
	東大和市	稲城市	西東京市
	日の出町	利島村	神津島村
	小笠原村		
神奈川県	川崎市	藤沢市	開成町
新潟県	刈羽村	粟島浦村	
石川県	野々市市	川北町	
山梨県	昭和町		
長野県	北相木村	南箕輪村	生坂村
岐阜県	瑞穂市	岐南町	
静岡県	長泉町		
愛知県	刈谷市	安城市	常滑市
	東海市	大府市	知立市
	高浜市	日進市	清須市
	北名古屋市	みよし市	長久手市
	東郷町	豊山町	大口町
	大治町	阿久比町	幸田町

表 付-4 九州・沖縄　子ども人口安定化達成予測38自治体

都道府県名	市町村名		
福岡県	福岡市	春日市	大野城市
	太宰府市	福津市	志免町
	須恵町	新宮町	粕屋町
佐賀県	鳥栖市		
熊本県	合志市	大津町	菊陽町
	嘉島町	益城町	
宮崎県	三股町	綾町	木城町
	諸塚村		

都道府県名	市町村名		
鹿児島県	三島村	十島村	
沖縄県	浦添市	名護市	沖縄市
	豊見城市	南城市	恩納村
	宜野座村	金武町	北谷町
	中城村	与那原町	南風原町
	座間味村	伊是名村	八重瀬町
	多良間村	竹富町	

付録 | 135

表 付-5 関東・中部地方　総合的人口安定化達成予測91自治体

都道府県名	市町村名		
茨城県	牛久市	つくば市	つくばみらい市
群馬県	吉岡町	上野村	
埼玉県	さいたま市	川口市	越谷市
	蕨市	戸田市	朝霞市
	志木市	和光市	八潮市
	富士見市	吉川市	ふじみ野市
	滑川町		
千葉県	船橋市	木更津市	習志野市
	流山市	四街道市	印西市
東京都	千代田区	中央区	港区
	新宿区	文京区	台東区
	墨田区	江東区	品川区
	目黒区	大田区	世田谷区
	渋谷区	中野区	杉並区
	豊島区	北区	荒川区
	板橋区	練馬区	江戸川区
	武蔵野市	三鷹市	府中市

都道府県名	市町村名		
東京都	調布市	小金井市	小平市
	日野市	国分寺市	狛江市
	東大和市	稲城市	西東京市
	日の出町	利島村	神津島村
	小笠原村		
神奈川県	川崎市	藤沢市	開成町
新潟県	刈羽村	粟島浦村	
石川県	野々市市	川北町	
山梨県	昭和町		
長野県	南箕輪村		
岐阜県	瑞穂市	岐南町	
静岡県	長泉町		
愛知県	刈谷市	安城市	常滑市
	東海市	大府市	知立市
	高浜市	日進市	清須市
	北名古屋市	みよし市	長久手市
	東郷町	豊山町	大口町
	大治町	阿久比町	幸田町

表 付-6 九州・沖縄　総合的人口安定化達成予測36自治体

都道府県名	市町村名		
福岡県	福岡市	春日市	大野城市
	太宰府市	福津市	志免町
	須恵町	新宮町	粕屋町
佐賀県	鳥栖市		
熊本県	合志市	大津町	菊陽町
	嘉島町	益城町	
宮崎県	三股町	綾町	

都道府県名	市町村名		
鹿児島県	三島村	十島村	
沖縄県	浦添市	名護市	沖縄市
	豊見城市	南城市	恩納村
	宜野座村	金武町	北谷町
	中城村	与那原町	南風原町
	座間味村	伊是名村	八重瀬町
	多良間村	竹富町	

用 語 解 説 （五十音順）

■一般社団法人　持続可能な地域社会総合研究所

　暮らしを営む日常的な舞台である地域社会の持続性を取り戻すこと目指し、2016年に設立。略称「持続地域総研」。島根県益田市に本拠があり、①地域人口統計、②地域介護分析、③経済循環分析、④次世代拠点・ネットワークの四つの角度から持続可能な地域づくりに関する研究・分析・政策立案を行っている。

■一般社団法人　小さな拠点ネットワーク研究所

　島根県邑南町にあり、中山間地域の振興に資することを目的とした研究、研修事業、現場支援事業、「小さな拠点」に関する調査・研究事業・普及具体化事業などを行っている。

■縁辺地域と縁辺革命

「限界集落」という言葉が全国的に話題になった2006年頃、65歳以上の高齢者が半数以上を占める集落の存続の危機が叫ばれ、特に都市部から遠く離れた地域（地理学でいう「縁辺性」の高い地域）から消えていくような議論もよくされていた。そうした集落を守ることの無駄を説き、故意かあるいは誤解からか「コンパクトシティ論」を誤用し、縁辺集落の「切り捨て」を主張する人もまだまだ少なくない。

　しかし、序章では2015年国勢調査をもとに「縁辺性」の高い地域のなかに次世代を取り戻している自治体が多く出現していることを明らかにした。これらの町村が早くから危機意識をもって地域づくりに取り組んできたことや、「田舎の田舎」への次世代定住の傾向が、このような「縁辺革命」を支える一因であると考えられる。

■介護保険データ

　厚生労働省は市区町村を対象に、今後の介護保険制度の円滑な運営に資するための基礎資料を得ることを目的として、介護保険事業状況報告を毎年実施している。主なものとして、第1号被保険者数や、要介護（要支援）認定者数、各種サービスにおける受給者数や給付費などのデータがあり、介護保険事業の現状や在り方を全国集計、都道府県、市区町村別に公表している。

　e-Stat（統計でみる日本）政府統計名「介護保険事業状況報告」参照。

■過疎指定地域

　過疎地域自立促進特別措置法は、人口の著しい減少にともなって地域社会における活力が低下し、生産機能および生活環境の整備などが他の地域に比較して低位にある地域について、総合的かつ計画的な対策を実施するために必要な特別措置を講ずることにより、これらの地域の自立促進を図り、もって住民福祉の向上、雇用の増大、地域格差の是正および美しく風格ある国土の形成に寄与することを目的としている。

　同法では45年間の人口減少率が33%以上などの人口要件と、基準より低い財政力要件を満たす市町村を過疎地域として指定している（第2条第1項、「全域過疎指定」）。さらに、過疎地域市町村を含む合併による新市町村は、過疎地域市町村の要件に該当しなくても、一定の要件に該当する場合には過疎地域とみなされ（第33条第1項、「みなし過疎」）、新市町村のうち合併前に過疎地域であった旧市町村の区域は過疎地域とみなされる（第33条第2項、「一部過疎」）。2015年段階では、全域過疎指定が616、みなし過疎が30、一部過疎が151の計767自治体が過疎地域市町村として指定されていた。

■環境容量

もともとは生態学の用語で、ある環境において、そこに継続的に存在できる生物の最大量のこと。環境収容力ともいう。これを人間に援用した場合、ある地域で持続的に生活できる人口は、食料やエネルギーなどの賦存量によって規定されると考えられる。人口扶養力も同義。

■国土開発システム

国土開発システムの基本的な考え方は全国総合開発計画に示される。三全総（1977年）は、国土、資源・エネルギーなどの有限性に着目し、「定住構想」を基本としつつ、大都市の人口・産業の地方分散をはかろうとしたが、東京への一極集中はさらに加速されていった。四全総（1987年）では、多極分散型国土の形成を目指し、「交流ネットワーク構想」を基本に、主に民間の活力や地域の創意工夫による国土づくりを目指したが、長期不況のもとでの企業の合理化の流れのなかで、地域経済は疲弊していった。「大規模・集中型」国土開発システムと東京一極集中の克服は、いまだ残された課題といえる。

■島根県中山間地域研究センター

1998年農業試験場赤名分場を母体として地域研究部門を新設し、中山間地域の研究拡充を目指して設立された。2002年からは島根県飯南町の新施設で業務開始。①中山間地域に係る地域振興や農業、畜産、林業の総合的試験研究、②中山間地域の現場でのサポート活動、③研究成果、実践ノウハウの情報発信、④各種研修事業の実施を具体的活動内容としている。

全国的に過疎化が先行した中国地方では、早くから5県で連携し、中山間地域の研究などが進められてきたが、1998年、中国地方知事会に「中山間地域振興協議会」が設置され、島根県中山間地域研究センターは、5県の共同研究機関としても位置づけられている。

■住民基本台帳

住民基本台帳は、氏名、生年月日、性別、住所などが記載された住民票を編成したもので、住民に関する事務処理の基礎となる。住民基本台帳は国や自治体が業務上利用する以外に、個人や法人から閲覧の申し出があった場合でも、統計調査、世論調査、学術研究その他の調査研究や公共的団体が行う地域住民の福祉の向上に寄与する活動のうち、公益性が高いと認められるものなどについては閲覧が認められている。データの活用については各自治体の担当課に相談のこと。

■人口指標

65歳以上の各年齢階層人口を100として、各階層人口に該当の65歳からの生残率を乗算し、65歳からの生残数を算出する。算出した65歳〜90歳以上までの生残数を面としてとらえ、その面積を合計して5で除算したものが人口指標となる。除算前では最大で500となるが、5で除算することで、100を最大としている。100に近いほど、長寿な地域であるといえる。

■生残率

生存率ともいい、ある年齢階層がどれだけの比率で生き残るかを算出した数値。5歳刻み90歳以上までの階層ごとコーホート変化率を乗算することで、ある年齢階層から各階層までの生残率を算出することができる。

例：65〜69歳→75〜79歳の生残率
　　＝70〜74歳コーホート変化率
　　　　×75〜79歳コーホート変化率

編著者

藤山 浩 ふじやま・こう

一般社団法人持続可能な地域社会総合研究所所長。博士（マネジメント）。1959年、島根県生まれ。一橋大学経済学部卒業。広島大学大学院社会科学研究科博士課程修了。広島県立高等学校教諭、㈱中国・地域づくりセンター主任研究員、島根県中山間地域研究センター研究統括監、島根県立大学連携大学院教授などを経て、2017年4月、持続地域総研を設立、現職に。主著は『田園回帰1％戦略』（2015年 農文協）。ほかに著書として、『これで納得！集落再生──「限界集落」のゆくえ』（共著 ぎょうせい 2011年）、『地域再生のフロンティア』（共編著 2013年 農文協）、『世界の田園回帰』（共編著 2017年 農文協）などがある。島根県益田市の中山間地域の集落に居住し、暖房や風呂に薪を愛用している。

共同分析・現地ルポ執筆

森山慶久 もりやま・よしひさ……共同分析

一般社団法人持続可能な地域社会総合研究所理事、島根県中山間地域研究センター客員研究員。1979年、島根県生まれ。東和大学経営工学部卒業。IT企業で、システム開発、ITコンサルタント業務などに従事した後、島根県中山間地域研究センター客員研究員を経て現職。

甲斐かおり かい・かおり……現地ルポ（第5章 第1節）

フリーライター。1972年長崎県生まれ。上智大学文学部卒業卒業。地方をフィールドに、大量生産大量消費から離れた価値観で生きる人々の活動やライフスタイル、人物ルポを雑誌やウェブで執筆。農業、食、ものづくりや地域コミュニティをテーマに各地を取材。著書に『暮らしをつくる』（技術評論社）。雑誌『TURNS』にて連載中。

図解でわかる 田園回帰1％戦略
「地域人口ビジョン」をつくる

2018年12月5日 第1刷発行

編著者──────藤山 浩

発行所──────一般社団法人 農山漁村文化協会
〒107-8668 東京都港区赤坂7-6-1
電話＝03-3585-1142（営業） 03-3585-1144（編集）
FAX＝03-3585-3668
振替＝00120-3-144478
URL＝http://www.ruralnet.or.jp/

ISBN978-4-540-17107-9 〈検印廃止〉
©Ko Fujiyama 2018 Printed in Japan

造本・DTP──────島津デザイン事務所
印刷・製本──────凸版印刷㈱

定価はカバーに表示
乱丁・落丁本はお取り替えいたします。

series 田園回帰 全8巻

「地方消滅」のイメージとは裏腹に、
いま都市から農山村へ、それも「田舎の田舎」への若い世代を含めた移住の動きが目立っている。
この「田園回帰」の動きを明らかにするとともに、農山村が移住者を含めて
どのように仕事や地域をつくっていくかを、その担い手の価値観や生き様を含めて描く。
さらにそれらを地区や自治体で戦略化する手順を示し、「都市農山村共生社会」を展望する。

第1巻
田園回帰1%戦略

藤山浩 著

毎年人口の1％だけ定住者を増やせば、地域は安定的に持続可能。その仕事を生み出す地域内循環の強化による所得の取り戻し戦略も提案。

第2巻
総力取材 人口減少に立ち向かう市町村

『季刊地域』編集部 編

I・Uターンの受け入れ、地元出身者との関係づくりなど、先進地域の戦略と組織を自治体と地域住民の両面からレポート。

第3巻
田園回帰の過去・現在・未来

小田切徳美・筒井一伸 編著

移住者受け入れの先発地域の分析や全国の移住者からの聞き取りなどに基づき、移住のハードルを乗り越え、新しい地域をつくる道を展望する。

第4巻
交響する都市と農山村

沼尾波子 編著

都市と農山村を往来する若者の新しい生き方。それを支えるNPOや行政の取り組みなどから、都市と農村の連携・交流のあり方を問う。

第5巻
ローカルに生きる ソーシャルに働く

松永桂子・尾野寛明 編著

田舎に移り住むだけではなく、地域の課題にこたえる仕事をつくる人々の生き方・働き方を、都会での場づくりの動きとあわせて描く。

第6巻
新規就農・就林への道

『季刊地域』編集部 編

第三者継承、集落営農や法人への雇用など、多様化する新規就農・就林の形。農林業と地域の担い手を育てるポイントを「里親」農家などが解説。

第7巻
地域文化が若者を育てる

佐藤一子 著

遠野の昔話、飯田の人形劇、庄内の食……地域文化を子どもや若者がどう引き継ぎ、田園回帰志向がどのように生まれているかを問う。

第8巻
世界の田園回帰

大森彌・小田切徳美・藤山浩 編著

フランス、ドイツ、イタリア、英国、オーストリアなど11ヵ国の動きをとらえ、日本の田園回帰の課題を浮き彫りにするシリーズ総括編。

A5判並製　平均230頁　各巻＝本体2200円＋税　セット価＝本体17600円＋税